新潮新書

雨宮紫苑
AMAMIYA Shion

日本人とドイツ人

比べてみたらどっちもどっち

778

新潮社

はじめに

「日本はどう?」

ドイツに来てから、もう何度この質問をされたかわからない。難民問題、男女格差、原発、労働環境、どのテーマで話していても聞かれるのは、「日本はどう?」だ。

大学在学中、ヨーロッパ=カッコイイというありがちな憧れと、「お兄ちゃんも留学してたからわたしも」という安易なノリ、さらには返済不要の奨学金つきということもあり、勢いで一年間ドイツ留学。そこでドイツをすっかり気に入り、わたしは大学を卒業した二〇一四年の九月にふたたび渡独した。気がつけば、ドイツ生活も合計四年半を超えている。

生まれも育ちも日本、外国人の友だちもいなかったわたしは、ドイツ生活のいたるところでカルチャーショックを受けた。賃貸物件にキッチンが付属していなかったり、日本ではかわいいとされる八重歯が要治療扱いだったり、レストランでの食べ残しは「もったいない」と持ち帰らされたり、意見を言うとき日本のように右手をピンと挙げるとナチス式敬礼になるから腕を曲げて人差し指を立てることになっていたり……。

より深くドイツを知るために社会や文化、政治についてドイツ人にあれこれ聞くと、みんな驚くほどしっかりと答えてくれる。しかし、「日本はどう？」と聞き返されると、わたしは「えーっと……」と苦笑いするしかできなかった。

偏差値がある理由、新卒採用の仕組み、空気を読むという文化。どれも、日本では一度だって真剣に考えたことがなかったテーマだ。

日本は、どんな国なんだろう。

ドイツに来て、ドイツの大学システムや食生活、物事をハッキリ言う文化や仕事に対する考え方などに触れ、「日本の価値観が絶対じゃないんだな」と思った。だがそこで、「そもそも日本の価値観ってなんなんだ？」と考えるようになったのだ。

日本はどういう国なのかを、わたしが実際に目にしたドイツという国を引き合いに出して、みなさんと一緒に考えたい。本書は、そういった目的の本だ。

わたしは残念ながら（まだ）有名ではないので、自己紹介としてまず自分語りするのをお許しいただきたい。

わたしは、一九九一年、ＳＭＡＰがデビューした年に生まれたゆとり世代のひとりだ。秋篠宮眞子さまやプロゴルファーの石川遼選手、嗣永桃子（ももち）さんや前田敦子さんと同級生。そんなわたしは、現在ドイツに住みながら細々と文章を書いている。

ドイツ生活を一言でまとめるとすれば、「期待のはるか下、想像のはるか上」といった感じだろうか。

留学時代は、楽しかった。授業を受けて、芝生に寝ころがって友だちと何時間も雑談、パーティーではふらふらになるまでお酒を飲み、寝る。ちなみに、現在同棲しているドイツ人の彼と出会い、付き合い始めたのも、この留学中のことだった。

だが移住となると、そうはいかない。大学卒業後にワーキングホリデービザで渡独して就活したものの仕事が見つからず、職業教育を申し込むも、ためし働きでイヤになり辞退。とりあえずレストランで働きはじめるも、帰宅できなくなる時間までサービス残業させられ二ヵ月で辞める。ビザのために大学に入るも、これまた挫折。

日本では恵まれた環境でぬくぬくと育ち、「みんながイヤイヤ就活してるのを横目にわたしはドイツ移住するんだ！」「わたしは自由だ！」と息巻いてたわたしだが、ドイツではその鼻っ柱を見事にへし折られた。

しかし、これで帰ったらダサい。非常にダサい。さぁどうする。キラキラした海外生活という期待は見事に裏切られ、途方に暮れたわたしは、気がつけばグローバルニートになっていた。

それではあまりに情けないので、カフェでバイトをしたり日本語教師として小銭を稼いだりするが、その日暮らしをするためにドイツに来たわけではない。「ドイツに来てまでなにをやってるんだろう」と自問自答しはじめ、「なにかしなくてはいけない」と縋り付いたのが、ブログだった。

自信喪失していたわたしは、小学生のころよく先生や両親に作文を褒められていたことを思い出したのである。それに、中学校の卒業文集で将来の夢を「小説家・翻訳家」と書くくらいには、文章を書くことが好きだった。パソコンがあれば文章を書けるし、ネットを使えばだれかに読んでもらえる。幸い時間だけはある。

そんなこんなでわたしはブログをはじめ、日々の思いを書き始めた。それがなんだか楽しくなって、「名乗るだけならタダ」とフリーライターを自称することに。

ツテもコネも経験もない引きこもりではあったが、捨てる神あれば拾う神あり。記事を読んでくださる方やお仕事をくださるクライアントの方が現れ、いまではなんとかフリーライターとして生計を立てている。

その後、東洋経済オンラインやヤフーニュースに記事を書かせていただいたり、朝日新聞やテレビ番組で記事が紹介されたりと、自分でもちょっとびっくりするくらいの展開が待っていた。期待していたキラキラした海外生活は送れなかったが、想像以上に多くの経験ができたのである。

そしていま、フリーライター生活二年目で本書を書いている。人生なにがあるかわからないと、つくづく思う。

こんな経歴なものだから、専門家をうならせるような新説を唱えたり、長年の研究結果を発表するようなことは、残念ながらできない。だからこの本は、研究者や専門家ではない二〇代のひとりの日本人が、ドイツという国を知り、日本という国に向かい合ったときにどう思ったかを書いたものにすぎない。

本書をきっかけに、多くの人が「日本はどういう国なのか」について考えてくれたらうれしく思う。

日本人とドイツ人　比べてみたらどっちもどっち　●目次

1　日本人が勘違いしているドイツ

ドイツと日本はまったくちがう

「ドイツ人と日本人って似てるんでしょ?」

なんだかよくわからないけれど、日本には「日本人とドイツ人が似ている」という通説が浸透している。その話はわたしも聞いたことがあったから、「じゃあ日本人はドイツでも暮らしやすいんだろうな」なんてぼんやりと考えていた。

だが実際ドイツに住んでみると、なにをもって「似ている」と思い込んでいたのかとふしぎに思うほど、ドイツはちがう国だった。ドイツに住んで四年半以上経ったわたしの結論は、日本人が抱いているドイツ人やドイツへのイメージは、現実とかなりズレがあるということだ。

働き方や教育といった大きなテーマについて考える前に、日常的でリアルなドイツの姿をお伝えしたい。

とはいえ連邦国家のドイツは制度や価値観に地域差（特に東西ドイツのちがい）が大きいし、移民も多い。「ドイツ人はこう」と一括りにできないものの、わたしが見て聞いて感じた「ドイツ」について書くことにしよう。

さて、ドイツ人のイメージというと、「規則を守るマジメな人」だろうか。

たしかにドイツでは、日本と同じように「マジメな」という意味の fleißig が美徳だ。だから「僕はテストのために fleißig に勉強している」と自己申告したり、「いつも勉強している君は fleißig だね」と言ったりする。日本語の「マジメ」という単語に置き換えるとちょっと嫌味っぽく聞こえるが、ドイツでは「向学心がある」「勤勉」といったポジティブな意味でよく使う。ドイツでは目標へ向かって努力することを「マジメ」だととらえるので、対義語は「怠惰な」「ダラダラしている」という意味をもつ faul という単語だ。

一方「マジメ」という日本語は、本気であったり誠実であることを指す。結婚を前提にした付き合いを「マジメなお付き合い」というし、「人間マジメが一番」というのは、嘘をついたり人を裏切ったりするな、という意味だ。対義語である「フマジメ」は、軽薄で遊んでばかりだったり、いいかげんで信用できない様子を意味する。

それぞれの国の「マジメ」の定義がちがうことを踏まえると、「日本人もドイツ人もマジメだよね」と同列には語れない。

さらに、ドイツ人が規則を守るのは、（日本語的な）マジメさからではない。ドイツは規則を破った人にはトコトン厳しく、規則を守ることが絶対正義とされている国なのだ。

以前住んでいた家のとなりにある小学校は、市民楽団の練習場でもあった。夜二三時を過ぎても同じ曲をひたすら繰り返し練習していたり、日曜日でも活動していたりして、本当に辟易していた。

そこでわたしを含めた近所の住人はRuhezeit（静かにしなくてはいけない休息の時間）に関する法律を調べ、時には通報し、時には直接文句を言いに行って、毎回やめてもらっていた。相手がなんと言おうと、規則を味方につけたもの勝ちなのだ。

ドイツではこういった小競り合いは日常茶飯事で、そのたびに「賃貸契約書を確認しよう」「これはこの法律違反」「証拠をそろえて窓口に行くぞ」となる。

相手が規則を破っていれば、「おいこれを見ろ。ここにこう書いてあるだろう。君が悪いんだぞ」と言える。日本のように、「こちらも困ってるのでご理解いただけませんか」「すみませんがこうしていただけませんでしょうか」なんて下手に出る必要はない。規則を守っている方が正義なのだ。

つまりドイツでは、自分が不利な立場にならないために規則を守るのであって、必ずしも「マジメだから」とは言えないのである。

だからこそドイツ人は自分を守ってくれる規則が大好きだし、知らずに損をしたくないから、知識としていろいろな法律を知っていたりする（わたしが就活の面接に臨んだとき、いろんな人から「ドイツにはこういう決まりがあるから、こういう質問には答えなくていいんだよ」という忠告を受けた）。

こういった事情から、日本人とドイツ人の共通点としてよく挙げられる「マジメさ」は、実際のところたいした共通点ではないと思っている。

それでもなぜか、多くの日本人、それもドイツに住んだことがない人が、「ドイツ人と日本人は似ている」と言う。それは同じ敗戦国として、日本人が一方的にドイツ人にシンパシーを感じているからだろう。

だがドイツ人のほうはさほど日本にシンパシーを感じているわけではないので、あんまりドイツで「日本とドイツは似てるよね！　仲間だよね！」とは言わないほうがいい。「そうかなぁ」と首を傾げられるか、「世界大戦の話？」と聞き返されるのがオチだ。

公共交通機関は信用できない

海外の交通機関のルーズさはよく知られるところとはいえ、マジメなドイツ人ならキッチリ時間通りだろう――そう思っていた時期がわたしにもあった。残念ながらドイツの公共交通機関はまったく信用できない。

バスや路面電車は、五分程度の遅延なら「定刻」という認識だ。バスなんて、遅延しすぎて次の便の方が先に来ることもある。ドアが壊れただの停電しただの、理由もわからず電車が線路に立ち往生することだって日常茶飯事。以前、終電が二〇〇分遅延と表示されていたにもかかわらず、一五分後に来たこともあった。

ほかにも、こんなことがあった。クリスマスにパートナーの実家があるデュッセルドルフへ帰省し、そこから自宅があるフランクフルト方面へ戻る際に、ドイツの新幹線であるＩＣＥを利用したのだ。

だが、七五分も遅延するという。そうはいっても本当に七五分後に電車が来るかわからないのがつらいところで、結局電車が来るまで、雪がちらつく吹きさらしのホームでひたすら待っていた。

やっと電車に乗り込んだものの、さらに遅延していき、目的地に着いたのは定刻の二時間遅れ。ニュルンベルク行きの電車だったのに、「ものすごく遅延しているのでハイデルベルクを終着点とします」という、意味不明のアナウンスも流れた。

路面電車の切符を車内で買おうとしても機械が壊れていて買えなかったり、フランクフルト駅の券売機が三つのうち二つ壊れていたこともあった。

信じられないかもしれないが、これがドイツクオリティである。

配達物は届かない

一一月二七日、ポストに不在票が入っていた。両親がわたしに冬服を送ってくれたようだ。再配達をお願いしたところ、「あしたかあさってに届ける」と言われたので、次の二日間はソワソワしながら自宅にこもっていた。だが、来ない（ちなみに翌二八日は二六回目の誕生日だった）。

三日後、「昨日か一昨日来るはずだったんですけど……」と連絡すると、どうやら再配達する集荷所の人が忘れているようだった。「わたしは連絡したのに向こうがやっていないのよ」というドイツらしい態度で対応され、「あした（金曜）か月曜日に届ける」と言われた。この時点でちょっとイライラしたが、仕方ない。これがドイツなのだから。おとなしく金曜日と月曜日、家で待機する。だが、来ない。

さすがに腹が立ち、月曜日に電話し続けるも、話し中で繋がらない。そのくせ待ち時間もキッチリ電話代をとられ、プリペイドであるわたしの携帯では電話をかけられなくなってしまった。メールでの問い合わせの返事も返ってこない。わたしはただ冬服が着たいだけなのに、むごい仕打ちである。

火曜日、パートナーに連絡してもらい、再び「あしたかあさってに届ける」と言われ、木曜日にやっと受け取ることができた。たったひとつの荷物のために、八日間も家にこもらざるを得なかったのだ。

ちなみに、よほど大きなものでない限り、再配達はしてもらえない。適当にガソリンスタンドなどに配達されるので、後日自分で取りに行かなくてはならない。ガソリンスタンドまでバスを乗り継いで延々と歩いて一時間以上かけてＩＫＥＡの棚を取りに行き、タクシーで帰ったなんて経験もある。

ドイツはしっかりしているイメージかもしれないが、とんでもない。このように交通機関や配達などは、なかなか堂々と雑である。

それでもなぜ問題にならないかと言えば、怒ったからといって電車が早く来るわけでも、荷物が早く届くわけでもないからだ。待っていればいつか来る。そう思わないとやっていけないし、実際そうやって生活がまわっている。

モノを捨てない

ドイツのイメージといったら、ほかにも「エコ・環境に配慮している」といったことが挙げられるだろう。たしかに、日本よりはそういったことに敏感だとは思う。だが日常レベルの話でいえば、エコというより、とにかくムダや捨てることを嫌いな人が多い。言ってしまえば、ただのケチである。

家の前に「ご自由にどうぞ」と本を置いておくと、適当にだれかが持って行く。スマホを友人に譲ったり、古いパソコンをもらって自分で修理して使うこともある。「まだ使える」「まだ動く」「これで充分」の三拍子で、ものを使い続ける。

個人取引もさかんで、不要になったものを売るために、電話番号が書かれたチラシがいたるところに貼られている。「半年旅行するのでだれか部屋に住みませんか」「参考書を買いませんか」「洗濯機格安で譲ります」なんかはもちろん、中古車や中古ピアノまで売っていたりする。

わたしは「取引のためのやりとりが面倒くさそう」と思うのだが、ドイツには手間をかけるより物を捨てる方がイヤ、という人が多いようだ。

わたし自身は、こんな経験をした。引越しの際、行政に不要家具の引取りを依頼。引取日に様子を見に行くと、一週間前に打ち捨てたバラバラの机やたわんで使い物にならなくなった本棚が、すべてなくなっていた。どうやら誰かが持って行ったらしい。引取業者は手ぶらで帰って行った。

そういえば日本では以前、ミニマリストや断捨離なんて言葉が流行った。みんな「捨てる」ことを強調していたが、本当に全部捨ててしまったんだろうか。譲ったり、売ったりはしなかったんだろうか。だとすれば、かなりもったいない。

もともと日本人は、とても強い「もったいない精神」を持っている国民だった。江戸時代は究極のリサイクル国家だったし、わたしのおばあちゃんは着物から巾着をつくり、お母さんは古いタオルを雑巾にしていた。でもいまは、そういう人は少ない。日本は便利で新しいものがたくさんあるうえ、サービスも充実しているし、なによりみんな忙しい。もったいないから古いものを使いまわそうというよりは、時間がもったいないからさっさといいものを買おう、という発想に変わってしまったのかもしれない。

食事にこだわらない

ドイツ料理というと、まず真っ先に挙がるのがソーセージだ。おいしい料理はたくさんあるのだが、そんなに有名ではない。その理由は、ドイツ人が手の込んだ家庭料理をあまり作らないからかもしれない。

ドイツ人はたいてい、温かい食事は一日一度しか摂らない。お昼ごはんをたくさん食べて、夜はパンやサラダなんかで済ませてしまう（病院食も、夜はパンとハムだけだった）。

クリスマスにパートナーの実家へ行っても、二週間の滞在でちゃんとした料理が振舞われたのは、一二月二五日と二六日だけ。友人の家にお世話になった時も、食べたい人が食べたいものを食べたい時に食べる、というスタンスだった。料理するときはほかの人が食べられるように大量に作って、冷蔵庫に入れておく。すると、お腹を空かせた人が適当に食べていつかなくなる、という感じだ。

レストランでも、「お腹すいてないからパンだけでいい」「もう少ししてから注文する」と言う人もいる。日本のように、家族団欒、みんなで一緒にいただきます、という発想はあまりない。だからドイツ料理はあまり有名じゃないのかな、なんて思っている。

とはいえドイツ人だって、ここぞというときは手料理を振舞うし、豪勢なディナーを楽しむ。だが裏を返せば、ここぞというとき以外は食にかなり関心が薄い。

日本の家庭料理のクオリティは素晴らしいと思うが、それによって共働き家庭が家事負担でモメたりするくらいなら、平日の夜ご飯はパンや卵かけご飯で済ますとか、お弁当を買ってきてしまうとか、もっと適当でもいいんじゃないかと思う。毎日毎日手の込んだ料理をしなくとも、問題なく生活できるのだから。

なんて言いつつ、帰国したら母の手料理が食べたくていろいろとリクエストしてしまうのだが。

女子力と声の高さ

食生活がこんな感じなので、ドイツでは女性が家庭的であることを求められることはまずない。というより、総じて「女性らしさ」を求められることがない。「かわいい」「守ってあげたい」というタイプは、「幼い」「自立していない」というイメージすらある（アジア人女性が好みだと公言するドイツ男性は往々にして、「欧米の女性は強いからかわいくない」と言う）。

わかりやすいのが、声の高さだ。ライプチヒ大学病院での調査によれば、ドイツ人女性の声は、だんだんと低くなってきているらしい。声の高さの世界平均は男性が一一〇ヘルツで、女性は二二〇ヘルツ。ドイツ人女性はというと、平均一六五ヘルツだ。男性の声の高さが変わっていないことを踏まえると、体が昔より大きくなったり重くなったりといったことに起因するのではなく、社会で活躍するようになった女性の自信が増し、信頼を得るために低い声で話すようになったのでは、と推測されている。

一方日本は、若い女性の声は平均三五〇〜四五〇ヘルツという調査結果がある。そう、すごく声が高いのだ。

日本の女性は、自分をかわいく見せるのがうまい。目が大きく見えるメイクをし、髪をふんわりさせ、高く柔らかい声で話す。なんだか、弱く見せることに力を注いでいるみたいだ。つまりそれが、日本人女性が理想的とし、男性が求める「かわいい」だとか「女らしい」ということなのだろう（もちろん個人差はあるが）。

ドイツでは、女らしさ＝弱さではないので、強く堂々と落ち着いた声で話す方がいいとされる。甲高い声で話すと、正直頭が悪いと思われてしまう。わたしは日本語を話すとき滑舌が悪いうえ語尾を延ばすクセがあるのだが、ドイツ語を話すと無意識に声が低くなり、歯切れも良くなる。

日本の女性もこれからどんどん社会で活躍するようになるだろう。そうすると、ドイツ人女性のように声が低くなっていくのかもしれない。

夜通し遊べる日本

日本には、夜でも子どもが遊べる場所がたくさんある。ゲームセンターやファミレス、カラオケやマンガ喫茶。高校生だって、夜を満喫できる（補導されるかもしれないが）。居酒屋は深夜までやっているし、都心部は深夜でもたくさんの人が出歩いている。

一方ドイツでは、夜は基本的に「休み」モードに入る。八時くらいから店が閉まり始め、夜一〇時にもなれば人通りは少なく静かになる。ヨーロッパ旅行中、夜ご飯を食べてホテルまで戻る時、深夜でもないのに街に人っ子一人いなかった……なんて経験をした人もいるかもしれない。

ドイツのレストランはティーンエイジャーが行けるような雰囲気ではないので、子どもが外食するといったら、ケバブ屋やピザ屋、ファストフード店くらいしかない。ゲームセンターもファミレスも、カラオケもマンガ喫茶もないのだ。やることと言えば、ビール瓶を片手に教会前や中央駅、ライン川のほとりなどに座り込んで話すくらいのものである。

レストランやバーも朝方までやっているところは少ないから、大人だって日付が変わる時間には家に帰る。ふらっと泊まれる場所もないので、日中とはちがう経路で街を回るナイトバスが運行している。終電を逃したから泊めてくれだとか、今日は朝まで飲むぞ！　といったことはほとんどなく、夜通し遊べるといったらクラブくらい。日本は治安がいいうえ二四時間営業の店が多いから、夜通し遊ぶことができる。

居酒屋の価値

ドイツで売られている日本の旅行ガイドには、よく居酒屋が紹介されているが、その理由がよくわからなかった。居酒屋ってそんなに特別なものだろうか。

だが最近、日本の居酒屋はホームパーティーの場の代わりという役割を果たしているから特別なのかもしれない、と思うようになった。

ドイツはレストランでもバーでも、あくまで「外」である。個室はないし、飲みすぎて店内で寝るのもありえないし、千鳥足で歩くような人もいない。そういった振舞いは、大人として恥ずかしいとされる（ただし、サッカーの試合のあとなら何でも許される）。

では内輪でくつろぎたいときはどうするか。そんなときは、ホームパーティーである。ホストが食事（といってもマカロニサラダやパンなどのかんたんなもの）を用意し、ゲストがそれぞれダースでビールを持ってくる。そして、朝まで騒ぐのである。

それに対し、日本ではあまりホームパーティーをしない。そのかわり、居酒屋で騒ぐ。靴を脱いで個室に入り、まるで家のリビングにいるように談笑しながら、食べ物を分け合う。そう考えると、居酒屋での飲み会は擬似ホームパーティーみたいだ。

外にいるのに他人の目を気にせずくつろげるという意味で、居酒屋は外国人にとって珍しい観光ポイントになっているのかもしれない。

2　日本スゴイと盛り上がる前にやっておいたほうがいいこと

日本賞賛番組の信憑性

ここ数年、やたらと「日本スゴイ」という内容のテレビ番組が増えた。日本賞賛番組に対する賛否は人それぞれだが、わたしはそういった番組が嫌いではなかった。いや、正直いうと結構好きだった。外国人が日本をどう見ているのか知りたかったし、さまざまな文化に触れられると思っていたからだ。

当時は無自覚だったけれど、テレビ番組や報道の影響で「日本はアジアのなかでも特別」「日本は海外から注目されている人気の国」という認識を持っていたから、日本賞賛にも違和感がなかったのかもしれない。

ではドイツに行ってみて、日本出身者のわたしへの反応はどうだったか。

正直、なんとも思われなかった。日本人だからチヤホヤしてくれる人も、日本を褒めちぎってくれる人もいない。むしろ「原発は大丈夫か」「君の家族も朝から晩まで働いているのか」「中国のことをどう思っているのか」と聞かれたりする。ドイツ人からすれば、日本は極東にある遠い国、アジアのわりにがんばっている国にすぎなかった。

こんな日本に対する反応を知るにつれ、日本賞賛番組に違和感を感じるようになった。インタビューされている外国人は、番組映えする極端な人ばかりではないのか。しかも、訪日アジア人が多いにもかかわらず、取り上げられるのは欧米人ばかり。

日本に来ている時点である程度日本好きである可能性は高いし、テレビ的に面白い人を取り上げるのも当然だ。だがそれがいくつものテレビ局で毎日のように放送されると、わたしのように「それが海外の総意である」とカン違いして、無意識に「海外には日本好きばかり」と刷り込まれてしまうかもしれない。

たしかに日本好きな外国人がいるのは事実だが、テレビが取り上げるような極端な人は、日本の空の玄関口でもそれなりの人数にインタビューしないと見つからないだろう。

そういったことを踏まえると、日本人に向けて日本で日本を賞賛するのではなく、外国人に向けて日本の魅力を伝えて日本に興味を持ってもらったほうがいいんじゃないだろうか。そう思うようになった。

日本を見直そう、日本のいいところを知ろう、という考えは理解できるし、自分の国に自信を持つことは悪いことではない。でもせっかくなら、それが世界に通用するものだったらいいのにな、と思うのだ。

特殊な外国人ばかり取り上げて「日本大好き」と言わせて自己満足するのではなく、「外から日本はどう見えているのか」「どこに需要があるのか」を考えたほうが、日本にメリットがある。

ポップカルチャーの受け入れ

たとえば、アニメやマンガ、アイドルなどのポップカルチャーだ。「ジャパン・エキスポにたくさんのコスプレーヤーが集まった」「アイドルの海外公演にたくさんのファンが駆けつけた」といった報道を目にしたことがある方も多いだろう。来日してアイドルのコンサートに行ったり、アニメイトに行く外国人に密着した番組をわたしも何度も目にしたことがある。

わたしはアニメとマンガが大好きだし、「モーニング娘。'18」などのアイドルが所属している「ハロー！プロジェクト」も好きだ。だから、多くの外国人が日本のポップカルチャーに興味を持ってくれること自体はとてもうれしい。だが誤解しないでほしいのは、「オタクは海外でもあくまでオタクである」ということだ。

わたしのパートナーや一部の友人もアニメが好きなのだが、それを積極的に公言はしない。ドイツには「アニメは子どもが見るもの」というイメージがあるから、アニメ好きなのは恥ずかしいことなのだ。彼が本屋でマンガを買ったとき、透けるビニール袋ではなくわざわざ布の袋を買っていたし、わたしがバスでマンガを読んでると彼はちょっとイヤな顔をする。

デュッセルドルフで毎年開催される「ジャパン・デー」（Japan Tag）というイベントでは『ＮＡＲＵＴＯ』や『ドラゴンボール』などのコスプレをしている人もいるのだが、正直かなり白い目で見られる。

そしてそれは、アイドルでも同じことだ。ドイツでは友人同士が集まるとスマホやタブレットで好きな音楽を聞かせあうという、謎のコミュニケーション方法がある。そのとき「日本の音楽を紹介して」と言われることが多いので、わたしはアイドルを知ってもらおうと、何度かアイドルの動画を見せた。だが率直に言うと、ドイツ人からの評判はすこぶる悪い。

「未成年が下着で踊っている」「義務教育を受ける年齢なのに親はなにをやっているんだ」なんて言われたし、「いい年した大人が児童ポルノみたいなビデオを見て喜んでいるのか……」と引かれたこともある。それでいまでは大人しく、宇多田ヒカルを流すことにしている。

誤解してほしくないのだが、わたしはなにも、オタクは恥ずかしい、アイドル好きは変態、と言うつもりはない。わたし自身二次元にどっぷりハマっているし、これからもアイドルを応援するつもりだ。ただ、あまり「海外でも人気!」と言いすぎると、現実と差ができてしまうんじゃないかと心配になる。

ポップカルチャーを世界に発信している日本でも、アニメやアイドルの話をするときは場所と相手を選ぶ。オタクであることをわざわざ現実世界でアピールする人は少ないだろう。日本ですらそうなのだから、他所の国でオタクが好意的に社会認知されるわけではないことは、少し考えてみればわかる。

それでも日本メディアは「日本のポップカルチャーが世界で人気だ」と言い張るわけだが、日本人全員がオタクではないように、日本のポップカルチャーに興味があるのは限られた外国人にすぎない。MANGAと言っても日本好きでなければ伝わらないし、Idolと言うとまず英単語の方で理解される。日本ポップカルチャーの一般的な浸透度なんて、この程度である。

皮肉なことに、「アニメやマンガが外国人から人気」というイメージを持った日本人が多いため、日本語を勉強しているドイツ人がいたるところで日本人に「アニメ好きですか?」と聞かれてうんざり……なんて話を聞いたことがある。

ポップカルチャーをきっかけに日本に興味を持つ人がいるのは事実だが、当然ながらそれはあくまで一部にすぎない。日本人自身が、日本好き＝オタクのイメージを持ってしまうと、オタクのレッテルを貼られたオタクではない日本好き外国人が、不愉快に思うかもしれない。

日本好きオタクの実像

世界で日本のポップカルチャーが人気だと思っている人たちは、海外にいるオタクたちが、一体どういう手段でマンガやアニメ、アイドルを楽しんでいると思っているのだろうか。

答えは、違法サイトだ。

日本なら、気になったマンガがあれば本屋ですぐに買えるし、マンガ喫茶やブックオフでとりあえず読んでみることもできる。週刊・月刊マンガ雑誌も多いから、そこから興味のあるマンガを見つけることもあるだろう。

ではドイツではどうかというと、まずそこらへんの本屋に欲しいマンガが並んでいること自体が稀だ。マンガを取り扱っていても全巻揃っていることはまずないし、マンガ雑誌もないし、コンビニもない。欲しければオンラインで買うのが一番確実だが、マンガは結構高いし、ドイツ語訳されている作品は限られている。そうなれば、自然と「多くの作品が英訳されていて気軽に読める違法サイトで読もう」となってしまう。すぐにマンガを手に取れる日本ですら、違法サイトが問題になっているのだ。海外ならなおさらである。

アニメも同じで、地上波では放送されないので、ごくごく限られた有料動画サイトで限られた作品を見るくらいしかできない。日本のアマゾンプライムのように、アニメカテゴリーがあってずらっとアニメが並んでいる……なんてことはないのだ。レンタルショップもないから、「ちょっとDVDを借りてみよう」ということもできない。「おもしろそう」という理由だけで注文するには、アニメのＤＶＤＢＯＸは高すぎる。

ではどうするか。やはり違法サイトである。違法サイトでは、日本の放送日の翌日にはアニメが英語字幕つきでアップロードされている。もちろん無料だ。

日本語がわからない外国人が、海外で正規の手段を使ってマイナーな日本作品を手にすることができるかどうか、一度考えてみて欲しい。もちろん不可能ではないが、日本のポップカルチャーの入り口になりえるものが違法サイトくらいしかないのが現状だ。

アイドル産業も同じで、公式チャンネルは日本語がメイン。字幕すらないことも多いし、コンサートＤＶＤもドイツのプレーヤーで見られない日本版ばかり。有料コンテンツは日本国内限定のものも少なくない。ＣＤだって、よっぽど有名なアイドルでなければドイツでは手に入らないし、デジタルミュージックとしてダウンロードできるアーティストや曲は限られている。そうなれば、違法サイトでコンサートを見て、音楽を聞くしかない。

法律がいろいろと絡んでくるのだろうが、ポップカルチャーを自慢するのであれば、それをもっとビジネスとして活かせばいいのに、と思う。

アジア重視の観光対策

オタク文化だけじゃない、最近は観光地としても日本は躍進している。インバウンドが盛り上がっているんだ――そういう声も聞こえてきそうだ。たしかに、日本政府観光局による二〇一七年の速報値では、訪日外国人観光客は二〇一六年の二四〇四万人を大きく更新して、二八六九万人となっている。

みなさんがご存知のとおり、日本には無数の観光地がある。五稜郭、日光、皇居、鎌倉、富士山、飛驒高山、伊勢神宮、清水寺、大阪城、厳島神社、阿蘇……挙げればキリがない（個人的に一番のお気に入りは、歴史スポット満載&卓袱料理が絶品の長崎である）。

最近のインバウンドの盛り上がりを受けて、「日本は外国人にとって魅力的な観光地」だと思っている人も多いだろう。それは間違いではないが、日本の観光はまだまだ発展途中だ。

日本政府観光局によると、二〇一六年の外国人訪問者数は、日本は世界で一六位。ちなみに一位はフランスで、ドイツは八位。

これだけ見ると「わりと健闘してるじゃないか」と思うのだが、二〇一五年の訪日観光者の内訳を見てみると、中国が二五・三%、韓国が二〇・三%、台湾が一八・六%、香港が七・七%。東アジアだけで七割以上を占めている。つまり日本は「魅力的な観光地、ただしアジアの国からは」といった状態なのだ。

アメリカ、ヨーロッパ、オーストラリアからの観光客をすべて足しても一二・七%にしかならず、観光庁も「観光立国実現に向けたアクション・プログラム二〇一五」で欧米からの訪日観光客増加を課題に挙げている。

もちろん、こういった状況は地理的な要因も大きい。国際観光客の到着数の約五分の四が同域内で行われているので、訪日観光客の多くがアジア人であることは当然だ。

だが、二〇一七年、WEF（世界経済フォーラム）の観光の国際競争ランキングで日本が九位から四位にまで上がったこと、ヨーロッパは世界のアウトバウンド観光客の半数以上を占めていることを踏まえると、アジア以外からももっと多くの人が来てくれてもいいんじゃないだろうか。

「観光客なんて呼ばなくていい」という人がいるかもしれないが、わたしは日本に興味を持ってわざわざ来てくれる外国人が増えるのは好ましいことだと思っている。

ドイツ型旅行と日本型旅行

日本をドイツ人向けに観光化しろ、というわけではないが、日本とドイツでは旅行の意味合いが異なるので、まずドイツ人の旅行の傾向について書かせていただきたい。

二〇一六年のＵＮＷＴＯ（国連世界観光機関）の調査では、国際観光支出の世界トップは中国となっている。そこにアメリカ、ドイツが続く。つまりドイツは、観光にたくさんお金を使う国のひとつなのである（ドイツ人は一人当たりの旅行中の支出が多い訪日外国人でもある）。

観光庁による二〇一七年一〇月―一二月期の「訪日外国人の消費動向」も見てみよう。ドイツから日本に来た観光客は、平均一二・九泊している。三四％がひとりで観光に来ていて、夫婦やパートナーと旅行したのは三〇％。意外にも、ひとり旅の割合が一番大きい。

ドイツ人の旅行の楽しみ方は、日本人と大きくちがう。わかりやすく紹介するため、三つのパターンに分類しよう。

まず、リゾート旅行だ。イタリアやスペインなどで二週間～一ヵ月ぼーっとする、リラックスを目的としたバカンスである。これは日本旅行とは合わないので、今回は割愛させていただこう。

二つめは、自分の興味がある場所へ行くパターンだ。「当然だろう」と思うかもしれないが、ドイツ人の場合、旅行前にきっちりと歴史や関係人物の経歴を予習しておくし、現地でも解説文をしっかりと読みこむ。旅行の目的は、知的好奇心を満たすことだといえる。

テレビ番組で「こんなマイナーな場所にガイコクジンが！」といった取り上げ方があるが、有名だから行くのではなく興味をもって訪れるのだから、そこが人気観光地かどうかは関係ない。「ガイジンなのに日本の歴史に詳しい！」というのも、わざわざ行くのだからその場所の歴史を知っておくのは当然、という認識なのだ。

では日本人はどうかというと、観光の目的は主に、観光地をはしごして写真を撮ることに集約される（ドイツでは「せわしない日本型旅行」は、定番の日本いじりネタである）。

ノイシュヴァンシュタイン城に行っても、ワーグナーに心酔した孤独な王・ルートヴィヒ二世が夢の世界を実現するために建てたことなんて知らない。サンスーシ宮殿に行っても、夏の離宮として建てられたが結果的にフリードリヒ二世の居城となったことも知らない。それでもキレイな写真が撮れればそれで満足。あとはその土地の料理を食べて、職場へのお土産を買って帰国だ。

そういった人が多いから、日本のガイドブックは観光地・ご当地グルメ・お土産の三本柱で成り立っているし、外国人観光客に対しても「アクセスが良くて観光地がたくさんあるよ」「料理がおいしいよ」「お土産がいっぱいあるよ」とアピールする。だがそれでは、知的好奇心を満たしたい観光客の心を摑めない。見るだけではなく学びたい観光客にとって、アクセスのよさやお土産は二の次なのだ。

では、日本を紹介しているドイツのガイドブックはどんな感じなのか。ちょうど本屋に併設されているカフェで執筆作業中なので、何冊か手に取ってみよう。

ガイドブックのなかでは、芸者や神道、生け花、和紙、浮世絵、さらには草食系男子などが紹介されている。レストランやホテルの情報はあっさりしているが、そのぶん歴史と文化について詳しく書かれている。

皇居や明治神宮が何年に建てられて、どんな人が住んでいて、それが日本にとってどんな存在なのか。そもそも天皇とはなにか。ドイツ人の観光客は、ガイドブックでそういったことを予習してから来るのだ。

そう考えると、日本の観光地は「知的好奇心のための旅行」という需要に応えきれていないんじゃないだろうか。もうちょっと外国人観光客が「なるほど、こういう意味で大切な場所なんだな」と納得できるような工夫があったほうがいい。

三つめの旅行パターンは、出来る限り日本人っぽい生活をしたがるタイプだ。よくわからないけどメイド喫茶に行ってみたり、コンビニでおにぎりを買ってみたり、スクランブル交差点を往復してみたり、原宿でクレープを買ってみたりする。外国人観光客がメイド喫茶に行くのは、たんにメイドが好きだからというわけではなく、「メイド喫茶」という文化に触れたいからでもある。

日本旅行した友人たちに感想を聞いてみると、「コンビニが便利すぎてやばい」「満員電車が想像以上に満員で引いた」「学校の制服って便利そう」「子どもがみんな静かでしつけされてる感じがいい」といった、日本人にとってはなんてことのない日常風景について答える人も多かった。

日本人の平均旅行滞在期間は短いので、生活体験といってもあまりピンとこないかもしれない。だが平均二週間ほど日本に滞在するドイツ人は、ただ観光地をめぐるだけではなく、現地の人の生活に触れて刺激的な体験をしたがる人も多い。

以前わたしがタイに行ったとき、タクシードライバーの実家にお邪魔したことがある（思い切った贅沢旅行で、プライベートドライバーをお願いしていたのだ）。彼の実家は高床式木造建築で、風通しがよく、テレビもパソコンもないからとにかく静かだった。果樹園を運営しているそうで、食べたことがない謎のフルーツでおもてなしをしてくれた。水上マーケットや涅槃仏といった観光名所ももちろんおもしろかったが、現地の生活体験というのもまた印象深く記憶に残っている。

日本にある城や寺、神社などの観光スポットが魅力的なのはまちがいないが、もっと身近で小さなことだって、観光客を楽しませられるエンターテイメントだ。あとは、「そういった楽しさをどう伝えるか」という話になる。

日本のおもしろさを楽しむ

わたしのパートナーが日本に来たとき、彼は「わからない」を連発していた。たとえば、ウォシュレット。トイレで「流す」ボタンらしきものが見当たらない。でもボタンはたくさんある。これはなんだろう。彼は適当にボタンを押し、「お尻がびしょびしょになった！」と爆笑していた。油そば屋では食券システムをはじめて見たらしく、前にいたサラリーマンの立ち居振舞いを見て「効率的だなぁ」と感心していた。

だが、ネガティブな意味での「わからない」も多かった。「温泉に行こう」と誘っても「入り方がわからない。まわりから変な目で見られると面倒だからやめておく」と言われたし、「浴衣を着よう」と言っても「着方がわからない。うっかり脱げたら困るからいいや」と言われてしまった。

そう言われてはじめて、日本のルールを外国人に理解してもらうための心配りが少なすぎることに気がついた。

旅館にしても、日本人なら「夜は部屋食で適当な時間に仲居さんが布団を敷きに来てくれるんだろうな」とわかるが、外国人はわからない。日本を紹介しているガイドブックでは、「リョカンには部屋にシャワールームがなく、共同オンセンがある」「ちゃんとしたベッドはないが、タタミという床の上にマットを敷いて寝る」「フィットネスルームはない」と紹介されている。こう書かないと、外国人はリョカンがなにかがわからないのだ。

押入れに入っている浴衣に気づかない外国人もいるかもしれないし、見つけたとしても着方をレクチャーする多言語のメモがなければ、どうすればいいかわからない。温泉だって、さんざん海外にアピールしているのに、どう入るべきかを丁寧に外国語で説明しているところは少ない。

それを「いちいち調べろ」というのはちょっと傲慢だ。そうなれば、わたしのパートナーのように「まちがえて悪目立ちしたくないからやめておく」という考えになってしまうだろう。

質のいい旅館をアピールしたところで、そもそも旅館をちゃんと理解してもらっていなければ意味がない。そういった努力が足りていない現状で、「ガイジンは温泉でかけ湯をしなかった」「浴衣の合わせが逆だった」「これだからガイジンは」と言うのは不親切だ。

一部にマナーが悪い外国人観光客がいることは事実だが、多くの外国人観光客はその国の文化に敬意を払い、ローカルルールを楽しみたいと思っている。だがこのローカルルールが、日本では暗黙の了解すぎて、新参者にはむずかしいのが現状だ。

ほかにも、日本には外国人を困らせる場面がたくさんある。たとえば、パスモと切符だ。

外国人が日本に来て「電車に乗ろう」「切符を買おう」という段階になって、日本人がカードをピッとタッチするだけで足早に改札を通っているのを見かける。さて、あれはなんだろう。

わからなければどうするか。もちろんインフォメーションセンターに行く。でも英語でのサービスはまだまだだ。JRと小田急線のちがいもわからないし、東京でパスモを買っても日本全国で使えるわけではない。特急券が不要な急行や快速電車を新幹線のようなものだと思って、普通電車にしか乗っていなかった友人もいた。こういったところでも、外国人は困るのだ。

二〇一七年のWEFの統計において、日本の観光の国際競争力は世界で四位。それにもかかわらず、「国のブランド戦略」という指標では四二位になっている。インターネットの情報力が弱い、もしくは需要と合っていないがゆえの順位だ。観光庁による「訪日外国人の消費動向」のなかの「出発前に得た旅行情報源で役に立ったもの」というアンケートでは、個人ブログがトップになるという情けない結果になっている。

こういったことからも、日本にはユニークな生活習慣やシステムがあるのに、それを楽しむ方法が外国人にちゃんと伝わっていないことがわかる。

外国人が「個室の掘りごたつ席で食事をしたい」「休憩がてらドリンクバーを楽しみ

たい」と思ったとして、どうやって調べればお店にたどり着けるのだろう。日本人なら和風居酒屋に掘りごたつ席があることを知っているし、ドリンクバーならファミレスに行けばいいとわかる。だが外国人には、そもそもどれがレストランか居酒屋かファミレスなのか、そういったことがわからない。

ＫＹＯＴＯに美しい寺や神社があることも、ＴＯＫＹＯにはさまざまな娯楽があることも、世界中の多くの人が知っている。それだけをアピールし続けるのは、「ドイツには城があります！」とゴリ押しし続けるくらい不毛だ。そんなこと周知の事実である。温泉や旅館をアピールしたところで、そこでどう楽しむかがわからなければ、わざわざ行って体験したいとは思わない。「どこか遠くの国にキレイな場所があるらしい」という認識で終わってしまう。

欧米とは距離があることを踏まえると、観光スポットをまとめただけのありきたりな観光情報では足りないのだ。そんなの、もう有名なのだから。

「日本のこういうところがすごい」「日本のこういうところが特別だ」と胸を張るのなら、それをちゃんと外国人に伝えればいいのに、と思う。

おもてなしのギャップ

五輪誘致のプレゼンテーションの際、滝川クリステルさんが「お・も・て・な・し」と言ったことで、再び（日本で）注目されるようになった日本のサービス力。彼女はプレゼンのなかで、おもてなしのことを「セルフレス・ホスピタリティ（無私のサービス、献身）」と表現していた。

さて、「セルフレス」は、本当に誇れることなんだろうか。自己犠牲に浸って客を甘やかしてしまっているだけではないだろうか。

ドイツという国に、「サービスがいい」というイメージを抱いている人はほとんどいないと思う。実際、店員はレジで会計しながら電話をしはじめるし、店員同士の雑談で客はほったらかすし、「少々お待ちください」と一〇分も二〇分も待たされる、なんてこともある。日本の基準で言えば、たしかにサービスの質は悪い。

それでもわたしは、日本の接客がドイツの接客よりも優れているとは思えない。いや、わたしにとってはむしろ、ドイツのサービスの方が魅力的に映る。個人的な経験からなのだが、大雑把に理由を言えば、一対一の人間としてのコミュニケーションが成立するからだ。

最初、わたしはドイツのサービスの雑さに辟易した。「その料理は今日ないの」と平然と言われて驚いたし、会計をしたいと言っても全然店員が来ないし、やっと来たと思ったら「お釣りの小銭がない」と言われる。最初は「ちゃんと働けよ」なんて思ったものだが、だんだんそれが当然なんだと思うようになってきた。

相手だって人間であり、客が偉いわけではない。そう思って店員と接するようになると、相手も結構融通を利かせてくれることがわかった。常連になると店員の態度はコロッと変わるし、担当者と仲良くなると手続きが五倍くらい早く終わったりもする。ドイツのサービスは、良くも悪くも人間同士のコミュニケーションが基本なのだ。

わたしがドイツのとあるカフェでバイトしていたとき、ほかのバイト仲間がみんな体調不良で休んでしまい、不慣れなレジをすることになった。レジには長蛇の列、異常を知らせる機械音、どうしていいかわからず半泣きのわたし。わたしはひたすら頭を下げていたのだが、お客さんはみんな「最初はそんなものよ」「大丈夫、すぐにできるようになるわ」と言ってくれた。それどころか、いつもより多めにチップをくれたのだ。

ひとりのオジサンに文句を言われたが、ほかのお客さんたちが「ほかの店に行けば?」「がんばってる子になんてこと言うの?」とかばってくれた。

ドイツの接客業では「互いが平等」という認識が根底にあるので、良いサービスを受けたいのであればいい客でいなければいけないし、サービスが悪ければチップを払わない自由がある。接客する側も、悪質な客にはサービスをしない。

一方日本では、セルフレスを美徳としているからか、客がとてもワガママだ。わたしが経験した、年末年始の居酒屋バイトは地獄だった。店がパンク状態で回らず、お客さんは何度もベルを鳴らすし、店が混んでいることを知っていても酒が五分来なければ催促をしてくるし、レジでは暴言を吐かれることもあった。「こんなに待ったんだからちょっと割り引いてよ」と言われたことは一度や二度ではないし、「店長呼んで」というお客さんのせいで店長が本来の仕事ができずにさらに追い込まれる……なんてこともあった。

「客なら横柄でも許される」「店員ならとにかく客に尽くさなくてはいけない」という空気が蔓延している日本には、傍若無人な客が多い。しかも厄介なのは、イチャモンをつけたり店員を責めるのは客としての正当な権利だと思いこんでいることだ。さらにサービスをする側もその理不尽を受け入れてしまうから、結局文句を言った者勝ちになってしまう。

誠心誠意尽くす姿勢に客が感謝するのであれば「おもてなし」は美談だが、現実はそうではない。わたしはできるだけいい客でいたいと思ってはいるが、ドイツに来てからいかにわたしが完璧を求め、サービスを期待しすぎていたのかを思い知った。日本では「ふつう」だと思っていた客の権利は、「ふつう」ではないのだ。

実際にセルフレス・ホスピタリティを体験したドイツ人の友人も、「店員が機械のようにニコニコしていて怖かった」「なにも買ってないのにお礼を言われて気まずかった」「客が大声で店員を呼びつけるのは下品なのに、店員は怒るどころか走って行って跪いてびっくりした」なんて言っていた。

セルフレスなサービスは、人間味が感じられない一方的な奉仕として居心地悪く感じる人もいるし、それによって客の質を下げているという側面もある。

日本のサービスが細やかであることは事実だし、他人のために努力できることは素敵だ。ただ、「なにが理想的なサービスか」という模範解答がない以上、日本目線で海外に向かっておもてなしをアピールするのは自己満足でしかなくなってしまう。

そもそも論にはなるが、「わたしは自分を犠牲にして人のために尽くせます」というのは、自らアピールするようなことではない。

英語力よりも大切なこと

日本の観光の話になると、必ず問題点として挙げられるのが英語力だ。EF英語能力指数では日本は八〇ヵ国中三七位で、能力レベルは「低い」に分類されている。たしかに日本人で英語を話せる人は少ないから、英語教育に力を入れることは大切だろう。だが英語力と観光地としての魅力が比例するかというと、そういうわけではない。

以前クロアチアに行ったとき、あまり英語が通じなくて苦労した。地名なんてどう発音していいかわからず、毎回ガイドブックを見せて「ヒア！」と言って乗り切った。イギリスの湖水地方に行ったときも、英語とは思えないほどの方言で意思疎通が困難だった（道を聞いたとき「マイル」で説明されたことにも驚いた）。

では、だからといってクロアチアや湖水地方の印象が悪いかといえば、そんなことはない。たしかに現地では困ったが、数日すればそんな苦労も楽しい旅行体験談の一部になる。

実際、観光大国のイメージがあるフランスのEF英語能力指数は三二位、イタリアは三三位と、日本と似たり寄ったりの結果になっている。それでも魅力的な観光地であることには変わりない。

日本人が英語ができないのは周知の事実だから、外国人もそれを承知のうえで日本を訪れる。どうにかこうにか意思疎通できればそれでいい、と思っているわけだ。あなたが海外旅行に行くときだって、「ある程度英語は通じるだろう」と語学力など気にせずに行き先を決めるのではないだろうか。

英語の案内表示やメニューは必要だが、日本人がみんな英語を話せるようになれば日本という国が観光地として魅力的になるかといえば、ちょっと首をかしげてしまう。

そして多くの日本人が誤解しているようだが、外国人がみんな英語が得意というわけではない。ドイツは英語能力指数は世界で九位だが、あくまで若い人限定で、北欧やオランダに比べると断然低いという認識だ。以前住んでいたヘッセン州の州都ヴィースバーデンの外国人局は「英語お断り」を明言しているし、五〇、六〇代くらいになると英語を話せる人はあまり多くはない。堂々と英語を話している人でもよく聞けば文法がめちゃくちゃだということもあるし、ひどいお国訛りがある人だっている。

外国人はみんな英語が話せる、英語版ウェブサイトを用意すればそれでいい、というわけでもないのだ。

問題は英語力よりも国際力

英語が不得意なわたしが言うのも恐縮だが、たしかに英語はできた方がいい。だが日本人に足りていないものは、英語力ではなく、外国人とのコミュニケーション能力だ。

日本に住むドイツ人の友人と会ってドイツ語で会話していると、とにかくジロジロ見られる。洋服店で買い物をすれば、外国人の友人が試着しているのにもかかわらず、わたしに向けて店員に「大きさはどんな感じですか」と聞いてくる人ばかり。居酒屋では、面と向かって店員に「日本人の方が一緒でよかったです。外人さんが来て焦りましたよ〜」と言われたこともあった。ちなみに同席していた友人は日本語ペラペラなので、店員がなにを言ったかも理解している。外国人＝コミュニケーション不可能だと思っているのだろうか……と、友人に申し訳ない気持ちになった。

京都でも同じような場面を見かけた。着物で散策している日本人がいたのだが、明らかに外国人観光客の視線に戸惑っていた。

こっそり写真を撮ろうとする外国人に気づいて逃げるように立ち去ったり、「一緒に写真を撮ってもらえませんか」と言われてよくわからないまま見知らぬ外国人と写真を撮ったうえ、適当に愛想笑いをしている人。

これは、英語力うんぬんの話ではない。外国人とのコミュニケーションをとる気持ちがあるかどうかのちがいだ。

写真を撮られるのが嫌なら「No」と言えばいいし、一緒に写真を撮るのであれば「Have a nice trip」くらい言ってもいいんじゃないだろうか。「Enjoy Japan」でも、なんでもいい。義務教育でその程度の英語は習っているのだから、「できない」「知らない」という主張は通らない。できないのではなく、やらない、やりたくないだけだ。

たとえ日本人の英語力が総合的に高くなったとしても、外国人への対応力がなければ意味がない。大事なのはどれだけ英語を使いこなせるかだけではなく、外国人とコミュニケーションをとる姿勢があるかどうかだ。

日本人の英語力の低さよりも、外国人とコミュニケーションがとれないことの方が、よほど問題である。

美しい風景と汚い街並み

もうひとつ気になるのが、日本の街並みの汚さだ。ドイツの本屋には桜の写真が表紙の本や、日本の写真を使ったカレンダーなどが売られている。そういった写真を見た外国人は、美しい日本を期待して来るだろう。でもその期待に応えられているかというと、「応えられていない」と言わざるを得ない。

わたしは日本で美しい風景をたくさん見てきたから、日本は美しい国だと思っていた。だからパートナーが日本の街並みを見て放った第一声が「汚い」だったことに、大きな衝撃を受けた。

彼が羽田空港に到着し、ふたりで京急線に乗って横須賀方面に向かった。羽田空港を出ると、蒲田、川崎、横浜という大都市を通る。彼はそれらの街を見て、「汚い」と言ったのだ。

たしかに改めて考えてみると、日本には「美しい風景を見られる場所」はあっても、「美しい街並み」というとあまりピンとこない。一部だけが美しくとも、背後に高層ビルが見えたり、一本となりの道に行くとゴミゴミした街並みが目に入ってしまう。クリーンではあるが、ビューティフルではない。

一方ヨーロッパでは、街並みをウリにしている観光地が多い。ドイツのローテンブルクや、『魔女の宅急便』でおなじみのクロアチアのドブロブニク、ほかにもチェコのチエスキー・クルムロフ、オーストリアのハルシュタット、スコットランドのエディンバラ……枚挙にいとまがない。ローマやフィレンツェ、ウィーン、プラハ、リヨン、ポルトなど、歴史地区として世界遺産に登録されている都市も多い。

ドイツのほとんどの街には旧市街と新市街があり、旧市街には古い街並みが残されている。モダンなショッピングセンターがあるのは決まって新市街で、戦時中に空襲で旧市街がボロボロになった街も、ちゃんと古い街並みを再現している。

では日本はどうか。街や一区間全体が観光に適した場所は、いったいどれほどあるのだろう。

桜と五重塔だけを撮れる仁和寺や、日本庭園と舎利殿だけを撮れる金閣寺、外国人が期待する街並みである祇園などでは、一眼レフを構えた欧州からの観光客を多く見かけた。現代っぽさが混じらない純粋な「期待している日本」の風景だから、とくに人気が高いのかもしれない。

あなたがヨーロッパ旅行をしたとして、ヴェネチアの運河の背後に高層マンションがあったり、バチカンのサン・ピエトロ大聖堂が鉄筋コンクリートのオフィス街のなかにあったら、がっかりしないだろうか。それと同じで、日本に来る外国人も、ゴミゴミとした日本の街並みにがっかりするかもしれない（雑多な感じが好きだという人もいるが）。

そう考えると、観光スポットだけをアピールして観光地全体の雰囲気を重視しないのは、ちょっと失敗だ。

地震大国日本で建物をすべて木造に戻すのはムリだし、景観条例を設けている地域があることも承知している。日本人は移ろいゆくもの、朽ちていくものに美しさを見出すから、「古いものをそのまま遺そう」とはなりづらいのかもしれない。

それでもやっぱり、観光に適した「街」を考えていく必要があると思う。日本人がドイツに「古い街並みがあって丘の上に古城があって……」という風景を期待しているように、外国人だって、「写真で見るような古きよき日本の姿」を期待しているのだから。

日本のおもしろさをアピールする

日本に多くの観光地があることは、すでに有名だ。だが本当に、観光客が楽しめる「日本」は、それだけだろうか。日本人が当たり前すぎて気づかない日常生活の片隅にも、「おもしろい日本」は眠っているんじゃないだろうか。

たとえば、お座敷で鍋を食べること。ゲームセンターでＵＦＯキャッチャーをしてみること。そういう日常の小さな日本らしさも、魅力のひとつだ。ゲームセンターに行くためだけに日本に来る人はいないだろうが、「日本と中国どっちに行こうかな」「日本にはお寺以外になにがあるんだろう」と思ったときに、そういったことが後押しになるかもしれない。

ほかにも旅館や温泉の楽しみ方、電車の乗り方などもちゃんとわかるように発信すれば、日本旅行がより現実的になり、日本旅行をしている自分を想像しやすくなる。日本という国自体は知名度があるのだから、やりようによっては大きな効果が見込めるだろう。

外国人のために日本を変える必要はないが、今あるものをもうちょっとうまく使ったり、プラスアルファで外国人向けにアレンジしたりすれば、さらに日本の魅力が伝わるはずだ。

日本人による日本人目線の外国人観光客対策ではなく、外国人目線の観光化を意識していけば、外国人の需要に気づき、日本はもっと魅力的な観光地になれる。そのとき、「日本スゴイ」はもっと説得力を持つだろう。

3　日本は特別な国だと思うとけっこう危ない

世界に無頓着な日本人

日本は国際化についていけていない、遅れている……そんな主張をいたるところで耳にする。日本語しか通じない島国で生活している日本人が世界を身近に感じられないのは仕方のないことだと思う一方で、そういう意識もそろそろ変わるべきだとも思う。

日本の国際化に関しては、立派な肩書きを持った専門家の方が多くの本を書いている。良書も多いしとても勉強になるのだが、あまりに頭が良すぎたり話が壮大だったりで、ちょっとピンとこなかったりもする（すみません）。

だからわたしは、海外在住のごくふつうの日本人のひとりとして、日本の国際化、日本人の国際感覚について思ったことを少し書いてみたい。

日本人&日本は特別である思考

わたしは外国人著者が書いた日本についての記事や本を読むことが多い。すると、それに対するコメントやレビューに、必ずと言っていいほど「外国人なのによくわかっている」だとか、「日本を批判する外国人は出て行け」というものを見かける。これはもう、一〇〇%といっていい。とにかく「外国人である」という前提から入るのだ。

外国人識者をコメンテーターとして迎えた討論番組でも、「まぁでも日本は日本ですからねぇ」だとか、「外国人にはわからないかもしれないけど」というふうに、外国人識者のコメントを「外国人」という理由で軽んじる人がいる。みなさんも、そういったコメントを目にしたり耳にしたことがあるかもしれない。

白状すれば、「まぁこの人は外国人だしね」という感覚はわたしもずっと持っていたのだけれど、いまとなってはなぜこんなにも「外国人」を特別扱いするのだろう、と不思議に思うようになった。外国人枠で出演している人を「外国人だから」と拒絶するのは理不尽だし、識者として呼んでいるなら国籍なんて関係ない。

日本には相対的に外国人が少ないから、外国人をよくいえば「お客さん」、悪くいえば「ヨソ者」として特別視するのは、ある意味当然かもしれない。だがそれはただ外国人が珍しいからだけではなく、日本人自身が「日本人は外国人とはちがう」「日本は特別だ」と思っている、もしくは思いたいからではないだろうか。

出羽の守健在

出羽の守という言葉がある。なにかにつけ「海外では」「アメリカでは」「イギリスでは」と、日本と海外、日本と特定の国を比較する人を揶揄するときに頻繁に使われる言葉だ（本来の意味は海外比較に限ったことではないのだが）。特定の国を褒めたり、特定の国を引き合いに出して日本を批判すると、高確率で炎上してしまう。

わたしは本書を含め日本とドイツの比較をした記事を書くことが多いので、「出羽の守」「欧州賞賛」「日本ディス（ディスリスペクト＝軽蔑の略）だ」といった批判コメントをいただいたことが度々あった。そもそも比較が目的なので「海外を引き合いに出す出羽の守」と言われても、「それがコンセプトですから……」としか言いようがない。

野球とサッカーのように、まったく異なるものを比較してもあまり意味がないときもある。それでも、たとえばわたしはハロプロ（ハロー！プロジェクト）が好きだが、あなたが「ＡＫＢのこういうところが好き」と言ったとしても、腹が立つことはない。みなさんもきっとそうだろう。それでも、なぜか海外を引き合いに出されることに抵抗がある人が多い。

ここで疑問なのは、そもそも海外と比べられることはそんなに不愉快なことなのだろうか、ということだ。一本調子でひたすら「ドイツは素晴らしい！」と書かれていたら、たしかに「知るか」となるが、日本という国を考えるのであれば、比較対象はあった方がいい。

上京してからふるさとの魅力に気付いたり、転職して前の職場の妙なルールに気づいたりと、比較対象があることでわかることはたくさんある。

スポーツでは「あのチームにあってこのチームにないもの」という分析はふつうに行われるし、ビジネスの場でも、他社と自社サービスを比べるなんてことはどこでもやっている。それなのに、なぜ日本とほかの国との比較にだけこんなにも敏感になるのか、わたしとしては不思議でしょうがない。

それは、日常生活でも同じだ。

わたしはこうして日本とドイツを比較する本を書いているわけだが、日本では基本的に、ドイツの話はしない。ドイツの話をしても、「まぁ日本とはちがうからね」と興味を持たれなかったり、留学経験自慢だと思われたりするからだ。海外在住というだけで「金持ちの世間知らず」「高飛車な外国かぶれ」というイメージを持っている人もいるから、聞かれない限りはドイツ在住であることすら話さない。

逆に、海外移住であることを明かした結果、「すごいね」と謎の賛辞をいただくこともある。なにがすごいのかがわからず反応に困るので、やっぱり海外在住だと言わない方が無難、という結論に至った次第である。

ところがドイツでは、わりと積極的に日本の話をする。国同士を比較して「なぜこうなのか」と話し合うのを楽しむ人が多いからだ。

先日のパーティーで出会った人とは、「なぜ過労死するほど過酷に働く日本人の寿命が長いのか」という話で盛り上がった。

わたしが「和食文化と医療水準が理由ではないか」と言ったところ、「ドイツも医療水準が高いので和食かもしれない」「では長時間労働のストレスよりいい食生活の方が身体への影響が大きいのか」という議論に発展した。みんなたいした知識は持っていないし、結論なんて出るはずもないのだが、それでもああだこうだと話が盛り上がる。

……なんてエピソードを日本で話してしまうと、またしても「出羽の守」と言われてしまうかもしれない。それが面倒だから、日本ではドイツの話をしないと決めている。だがこれだけ情報化が進んでいるなかで、「海外と比較されたくない」というのは、ちょっとムリがあるんじゃないだろうか。

外国人には無意識に失礼

もちろん、外国との比較に過剰に反応する人が一部であることは重々承知している。だが日本を特別視しているからか、外国人に無意識に失礼なことをしてしまっている日本人が多いのは事実だと思う。

わたしは現在ドイツ人のパートナーと暮らしているので、「外国人と付き合うって大変じゃない？」と聞かれることがある。だがそう言われるたびに、反応に困ってしまう。

この質問に悪意がないこと、言語の壁や文化のちがいを踏まえてのことだとはわかっている。でももしわたしのパートナーが「外国人と付き合うって大変じゃない？」と聞かれたら、彼はきっととても怒るだろう。それは差別であり、わたしに失礼だからだ。

たとえば同性と付き合っている人に、「同性と付き合うって大変じゃない？」なんてデリカシーのない質問をするだろうか。かなり年上の人、持病がある人、背が高い人や太っている人。そういう人と付き合っている友人に、「大変じゃない？」なんて聞けば、かなりデリカシーがない人だと思われるだろう。

日本では、こういった外国人への無意識に失礼な態度がいたるところで目につく。「もしあなただったら」と例えると、ご理解いただけるかもしれない。

あなたが大学で英文学を専攻し、本場イギリスで研究して現地の番組に出演したときに、現地コメンテーターから「外国人なのにお詳しいですね」だとか「外国人はわからないかもしれませんが」なんて言われたらどう思うだろう。しかも相手は、現地人というだけのド素人。

あなたが楽しみにしていたフランス旅行中、外国人だから、現地語を話していないからという理由で、まわりの人がジロジロ見てきたらどう思うだろう。

中国で旅行中、道を尋ねようと「エクスキューズミー」と声をかけたのに、「ノーイングリッシュ」と言って立ち去られたらどう思うだろう。

外国人は日本のルールを守らない、なんて平気で言う人もいるが、転職先で「あいつは社内ルールを知らないから関わらないでおこう」なんて陰で言われていたら、どう思うだろう。

ほかにも、外国人が「コンニチハ。ボクハジョンデス」と言っただけで、「日本語を話せるなんてすごいですねぇ」なんて言う人をわたしは何度も見てきた。あなたが「マイネーム　イズ　タロウ」と言っただけでアメリカ人に「アメージング！」なんて言われたら、馬鹿にされていると思わないだろうか。日本人なりの気遣いなのかもしれないが、相手の立場になって考えるとかなり的外れだ。

よく考えたらどれもとても失礼なのだが、日本ではこういったことが、外国人に対してごくふつうに行われている。

そのうえ、外国人になにか言われたら伝家の宝刀「郷に入っては郷に従え」を抜く。日本では日本人が正しく外国人はすべてを受け入れるべきであり、イヤなら帰れ、という話になってしまうのだ。

日本に来た外国人はある程度日本の価値観を受け入れるべきではあるが、だからといって日本人の立場が上だとか、外国人に失礼な態度をとってもいいだとか、そういう話にはならない。

相手の立場になって考えるというのが日本の社会倫理のはずなのだが、どうにも外国人にそれは通用しないらしい。わたしは外国人としてドイツで暮らしているから、なおさら在日・訪日外国人に申し訳ないと思う。

日本と世界という構図

たしかに、日本はとてもユニークな国だ。アメリカの政治学者サミュエル・ハンチントンの『文明の衝突』では、文化的・歴史的な要素を鑑みて、世界の主要文明がグループ分けされている。中華文明やイスラム文明などが挙げられるなか、日本は日本だけで成立する唯一の孤立文明であるとされている。

「孤立」というと聞こえは悪いが、日本は島国で外国との交流を限定していた歴史もあるし、外国語ができる人が少なく外からの情報を得づらいといった背景もあって、固有文化をたくさんもっている。だからこそ、「日本は特別だ」「海外とはちがうんだから比較するな」という考えになりやすいのかもしれない。

日本を特別視することの問題は、「日本と世界」という単純な図式でモノゴトを考えるようになることだ。そうすると、海外から日本がどう見られているかに無頓着になり、「日本は日本」「外国人はヨソ者」「海外は関係ない」となってしまう。

だがいまの社会で、その言い分はちょっとムリがある。

ドイツをはじめ、イギリスやアメリカ、フランス、韓国など多くの国では過労死問題が報じられたし、性犯罪被害に遭ったと公表した伊藤詩織さんの事件も、アメリカやフランス、イタリア、シンガポール、スウェーデンなどで報じられた。この件はニューヨークタイムズのオンライン版で、最も読まれている記事や最もつぶやかれている記事、最もFacebookでシェアされている記事のトップ五に入っていたほどだった。

ほかにも、『ダウンタウンのガキの使いやあらへんで!』の「笑ってはいけないシリーズ」のブラックフェイス問題も一部の国で報じられたし、ドイツのニュース番組では日本がどのように放射線汚染物質の除去をしているかが取り上げられていた(震災からずいぶん時間が経った二〇一七年末のことだ)。

残念ながら、ネガティブな出来事はすぐに海外でも報じられてしまう。日本にいる限りそれは関係のないことではあるが、ヨソでいろいろと言われていることに鈍感なのは、国としてあまりいいことではない。しかも当の日本では、連日のように日本の良さを取り上げる番組が流れている。そのズレに、どうしても危機感を感じてしまうのだ。

「日本には日本の事情や価値観がある」といっても、ほかの国がそういったことを必ずしも汲み取ってくれるとは限らない。というより、多分汲み取らない。このままでは日本は外から殴られっぱなしになるし、殴られていることにすら気づいていない、という状況になる。

日本人がいくら「日本は日本です」といっても、ほかの国は自国の価値観やグローバルスタンダード（主に欧米主導の倫理観）に照らし合わせて容赦なく批判する。そのことは忘れてはいけない。

移民は対岸の火事ではない

日本には、海外からの視線に無頓着なだけでなく、海外の出来事にもあまり興味がない人が多いように思えるのも、わたしが危機感を持っている理由のひとつだ。そして無関心であることが問題だと思う代表例が、移民・難民問題である。

欧米が移民・難民問題で揺れていることは、みなさんもご存知だろう。だがそれをわが身のこととして考えたことがある人は、意外と少ないんじゃないだろうか。

日本にとって、移民問題は決して他人事ではない。厚生労働省の二〇一七年一〇月末の統計では、外国人労働者は過去最高の約一二八万人を記録している。だがそんなことを言われても、実際肌で感じるのは「最近コンビニで外国人がたくさん働いてるなぁ」くらいなものだろう。あくまで「外国人」であって「移民」ではないから、と心配していない人も多いかもしれない。

国際連合広報センターは、「移民」とは移住の理由や法的地位にかかわらず、定住国を変えた人のことを指すとしている。つまり、外国人労働者とはいっても、それなりの期間日本に住んでいれば立派な移民なのである。

さて、自国が移民だらけになる状況とはどんな感じだろうか。外国人としてドイツで暮らしているわたしが書くのもなんだかおかしな話だが、ドイツで起きていることをお伝えしよう。

二〇一五年、ヨーロッパには一〇〇万人を超える移民・難民が押し寄せた。

なんだかんだいって、ドイツにはわりと好意的な空気が流れていたと思う。ドイツはいままでもナチスの暗い過去を背負っているから、「ドイツが助けてあげよう」「人道的なことをしよう」と言われれば、ある程度受け入れられたのだろう。現に、多くの人が寄付をしたり、ボランティアとして活動した。

そんななか、その年の大晦日、ケルンで大規模な集団窃盗・暴行事件が起こり、風向きが変わりはじめた。「受け入れてあげたのになんてやつらだ！」という方向へ。

二〇一六年には、ベルリンのクリスマスマーケットでテロが起こった。その結果、去年（二〇一七年）のクリスマスマーケットの入り口には大きなブロックが置かれて車が入れないようにされ、多くの警官が見回るという対策がとられた。

ほかにも、難民が急増したために、ドイツは現在深刻な家不足という余波に襲われている。ドイツ人でも家がなかなか見つからず、「入居者募集」とＦａｃｅｂｏｏｋに書いたら数時間で一〇〇人以上から問い合わせをもらった、なんて話もある。わたしが引越しをした二〇一八年三月、三〇件以上の物件に申し込み、内見を許されたのはわずか四件。あとは音沙汰なしだった。

さらに、ドイツ語を母語としない人が増えたことで、教育問題にも発展した。家ではずっと両親の国の言葉を話しているから、子どもが小学校の授業についていけないのだ。では親がちゃんとドイツ語を教えられるかというと、親自身がドイツ語を話せない。こういった状況を受けて、「移民の子どもの割合を制限すべきだ」という声も上がっているのだが、教育は義務であり権利なので、そう簡単には規制できない。

治安悪化の不安や家不足、教育問題などに直面したとき、国民はだれに対して怒るのだろう。犯罪者やテロの実行犯などに怒るのは当然だが、それに加えて「コントロールできないほどの難民を受け入れた」と、その矛先は政治家に向く。わたしが感じたドイツの移民・難民をとりまく環境は、このようなものだ。

……なんだか小難しい話になったので、学校にたとえてみよう。

自分が通っている学校に、転校生が来た。転校生はすぐにみんなと馴染んで、委員会に入って、部活もして、クラスの一員となった……そういう話なら、なんの問題もない。

だが、たとえば四〇人のクラスに一〇人の転校生がやってきたらどうだろう（二〇一六年、ドイツで移民背景を持っている人は二二・五％となっている）。

受け入れる側は、最初は「大変だね」「仲良くしよう」と言うだろう。だが、その転校生が自分たちのやり方を貫いたら？　校則を変えるために先生に抗議をはじめたら？　文化祭の準備をまったく手伝わなかったら？　クラスメイトを一方的に殴ったら？　万引きしたら？

しかも、転校生が増えたせいで机が足りなくなる。転校生は給食費が払えないので、自分たちが払っている給食費を使ってみんなで同じ給食を食べる。転校生が授業についてこれず、授業が滞る。そんな状況で、一部の転校生が「授業がわかりづらい」「みんながみんなが受け入れてくれない」「仕方なく転校してきたんだ」「話とちがう」と言う。

そんな状況になったら、クラスメイトはだれに不満を訴えるだろう。もちろん、担任の教師だ。でも教師は「仲良くしましょう」としか言わない。そうしたら、どうにかして先生の意見を変えるしかない。それが、二〇一七年の選挙結果だ。この選挙では、反移民・反EUを強く主張している「ドイツのための選択肢（Alternative für Deutschland）」が躍進し、九四議席を得ている。

あくまで例えではあるが、ドイツで起こっていることを伝えるとしたら、こんな感じだ。念のために書いておくが、移民や難民、ドイツ人といってもさまざまな人がいるし、外国人だから犯罪を犯すということは断じてない（そもそもわたしも外国人だ）。

前述したように、クラスのみんなと仲良くして、クラスのために委員会に入り、行事にも積極的に参加して、給食費を納め、平均程度の成績をとる転校生だってちゃんといる。だが問題は、そうではない転校生がいたということ、先生が無計画に転校生を受け入れてしまったことだ。しかも先生は後日「転校生受け入れは失敗だった」と認めるんだから、転校生としても立つ瀬がない。

とはいえ、外国人としてドイツで暮らしているわたしは、転校生側に、努力だけではどうしようもない壁があることも知っている。

わたしは日本で高校と大学を出ているのですぐにドイツの大学に入れたが、教育水準が低い国から来た人は、自国での大学卒業資格がドイツで認められず、準備コースの受講を義務付けられていた。語学学生ビザや学生ビザには就労制限があるが、「それでは生活できないから」と違法労働している学生もいる。

ドイツで働きたいと思っても、まともな学歴や職歴がない。大学に通う経済的余裕もない。職業教育も受けていない。そもそもドイツ語ができない。そんな状況で、「ちゃんと勉強して働け」という正論をぶつけられても、「どうすればいいんだ！」となる気持ちも、わからなくはないのだ。

そこらへんの認識のちがいが、移民背景がある人とない人、現地人と外国人の大きな精神的な溝になっているのかもしれない。

最近ドイツに来たことがある人は、（都市にもよるが）ヒジャブで髪を見せないようにしているムスリムの女性がたくさんいることに驚いただろう。道端でドイツ語以外の言葉が飛び交っているのも日常的な光景である。

自分の国がそうなっていくのを見て不安に思うのは、ある意味当然だ。よく言われる

「右翼化」「保守化」なんて言葉で表すよりも、ただ「自分の生活を守りたい」という純粋な欲求だと受け止めるほうが合っているんじゃないかと思う。

念押しするが、ドイツに馴染もうとする移民・難民だってたくさんいるし、そういう人を受け入れて仲良くしているドイツ人だってたくさんいる。今も多くの人がボランティアとして活動しているのも事実だ。ただ、「ドイツという国を守りたい」と思うドイツ人が増えても不思議ではない状況になっている、とはいえるだろう。

さて、日本に話を戻そう。日本はいまさらながら外国人労働者の受け入れを拡大しているのだが、本当にこのままでいいのだろうか。

わたしは政治的な主張をする気はないから、日本が移民を受け入れるべきか否かについては書かない。ただ、外国人労働者の受け入れを積極的にしていくのであれば、それに備えて考えるべきこと、対処すべきことは山ほどある。

日本人の多くが日本に来る移民に無頓着でいれば、知らぬ間に外国人がどんどん増えていき、ドイツと同じ問題が起こるかもしれない。すでにほかの国である程度の結果が出ているのだから、そうならないようにちゃんと舵を取ってほしいと思うのだが、島国日本で、果たしてうまい具合に日本人と外国人が共存できるのだろうか。

海外の出来事に無関心でいる、日本は日本だから関係ないという態度でいれば、他国から学べることに気づけなくなってしまうかもしれない。

日本は移民したい国か

さらにもうひとつ。移民の受け入れについて議論するのは大事だが、その議論において、外から見た日本という視点が欠けてはいないだろうか。移民の受け入れについて話すとき、なんだか日本は「呼んだらみんな来るだろう」と思い込んでいるように見える。

外国人技能実習生が最低賃金以下で休みなく働かされ失踪していたり、国民である日本人が過労死している状態で、果たして日本は魅力的な働き先の国なのだろうか。

事実、スイスのビジネススクールＩＭＤの「World Talent Ranking 2017」によると、海外の高度技能者にとって日本の「働き先としての魅力」は、六三ヵ国中五一位。東・南アジアでは、一一ヵ国中最下位である。

規制を緩めたら一定数の外国人が日本に来るだろうが、海外移住する人、特に働きに来る人の心境は、結構シビアだ。稼げないなら国を変えるし、待遇が悪ければ帰国する。

「日本が好き」という理由で日本に来た人は、日本が嫌いになったり日本で馴染めなければ、国へ帰る。その一方で、そこそこ稼げて生活環境もよければ、外国人労働者は家族を呼び寄せて定住する。つまり、移民になるのだ。

外国人労働者の行く末は結局のところ、（制度の話を棚上げすれば）日本に見切りをつけて去るか、家族と一緒に定住するかのどちらかである。都合よく日本のために働き、都合のいいタイミングで帰国するような外国人労働者なんていない。

外国人労働者を受け入れるのであれば、働きたくなる国でなくてはならない。その後日本に住み続ける外国人がいることを視野にいれなくてはならない。そして移民が増えればどういうリスクがあるかは、欧米を見ていればわかる。

無計画に外国人労働者を受け入れ、定住して移民となり、日本の労働環境の悪さがさらに世界中で報じられ、日本らしさがなくなったうえ日本の好感度も地に落ちる……なんてことにはなってほしくない。

そのためには、移民や難民のニュースを「対岸の火事」と眺めるのではなく、実際自分はすでに火に囲まれている状態であることに気づくべきだ。

いまや日本はアジアで唯一発展している国ではないし、欧米が「日本スゴイ」と熱いまなざしを送っているわけでもない。日本が海外に無関心でも、よその国は日本のことを批判的な目で四六時中見つめている。

いつまでも日本が特別だと思っていると、井の中の蛙状態になってしまうかもしれない。海外に無関心でいれば、「日本スゴイ」と言っているテレビの中の外国人だけが外の世界になり、海外には親日家ばかりだと勘違いしてしまうかもしれない。移民問題は日本には関係ないと高を括っていれば、気づいたらまわりは外国人ばかり、という状況になってしまうかもしれない。

そういう意味で、日本と海外ではなく、世界のなかに日本があるという意識が芽生え始める必要があるんじゃないだろうか。

4　部活ってそんなにいいものなのか

部活経験者は八割

二〇一七年、一世を風靡した大阪府立登美丘高校のバブリーダンス。高校の部活とは思えないレベルの高さで、二〇一七年の YouTube の国内トップトレンド動画に輝いた。彼女たちのバブリーなダンスを見ながら、「青春だなぁ……」と自分の学生時代に思いを馳せた人もいただろう。

わたしは中・高ともに、部活をやっていた。中学校で合唱部に入ったものの転校先の中学校の合唱部が廃部寸前だったので吹奏楽部に入り、高校では高橋留美子さんの『犬夜叉』というマンガの影響で、わざわざ弓道部がある高校に進学して弓道部に入部した（『犬夜叉』には、矢で妖怪たちをバッタバタと倒していく桔梗というカッコイイ巫女が登場するのだ)。

二〇一三年のデータではあるが、ベネッセ教育総合研究所によると、中学生では九割以上、高校生でも約七割の生徒がなんらかのかたちで部活動に参加している。世代によってもちがうだろうが、本書を手にしてくださっている方の八割方は、部活経験者ではないかと思う。

マンガでも、部活を題材としたスポ根ものは多い。わたしの両親世代の方だと、『アタックNo.1』や『エースをねらえ!』などがそれだ。わたしより少し上の世代だと、『SLAM DUNK』や『キャプテン翼』などがイメージしやすいだろう。

これらの作品はどれも二〇年以上前のものだが、スポ根を「美しい」とする風潮は現在でもあまり変わっていない。毎年酷暑のなか開催される甲子園の高校野球では、「怪我をしながらも毎日練習して」「肩が壊れてもいいという気持ちで」といったエピソードが美談として取り上げられる。本来なら「高校生にムリをさせるなんて監督はなにやってるんだ」「将来を考えてやれ」という批判がもっと盛り上がっても良さそうなのに、部活というだけで美しい青春の一ページに仕立て上げられるのだ。

わたしはといえば、実は中学校・高校ともに部活を途中で辞めている。いまでも、正直部活なんてなくなってしまえばいいとすら思っている。「逆恨みするな！」という声も聞こえてきそうだが、部活によって美しい青春をぶち壊されたアンチ・部活派の主張にもちょっと耳を貸していただきたい。

部活では理不尽が当たり前

学習指導要領によると、部活は「スポーツや文化及び科学等に親しませ、学習意欲の向上や責任感、連帯感の涵養等に資するものであり、学校教育の一環」という位置づけらしい。

正直なところ、休みなしの練習のせいで勉強する時間は減るし、責任感や連帯感のおかげでイジメが横行すると思うので、この理念自体に違和感を感じてしまう。

昔は「練習中は水分補給禁止」「言うことを聞かないやつはぶん殴る」ということが一般的に行われていたようだが、さすがに平成のご時世、それをやったら大問題だ。それでもやっぱり「古き良き」（わたしからしたら「悪しき」）慣習は残っている。

一番顕著なのは、先輩絶対主義だ。これは運動部や武道系の部活はもちろん、文化部であっても、よっぽど緩い部活でない限り存在する。ひとつ、ふたつ年上の先輩が絶対的権力を持っており、後輩は先輩が快適に過ごすために細心の注意を払わなくてはならない。

弓道部では、先輩が的の片付けをしていたら後輩はすぐに駆けつけて、「代わります！」と言わなくてはいけなかった。「同じ量の練習をしてるんだから片付けくらい自分でやれよ」と思うのだが、準備や片付けは後輩がしなくてはいけないのだ。そのぶん、部内でトラブルが起これば、監督不行届きとして先輩が怒られる。後輩はトラブルを先輩に報告し、後の処理は先輩にまかせっきりにできる。

先輩絶対主義のもとでは、先輩は面倒事を後輩に押し付ける一方で、後輩は先輩に責任を丸投げする。後輩が先輩を立て、先輩はリーダーシップを学ぶというような美しき先輩後輩関係が築けていればいいのだが、そうでない限り、先輩絶対主義は対等な人間関係の構築を邪魔するだけだ。

さらに、部活ではみんなが平然と「集団」のために自分の時間を犠牲にする。

これまた弓道部の話になるが、後輩が部室のカギを閉めて職員室に返しに行かなくてはいけないという決まりがあった。それはいいとして、問題は、ダラダラ雑談する先輩がなかなか帰らないことだ。

先輩が一時間も二時間も部室でのんびりマンガを読んでいる間、「帰っていいよ」と言われないかぎり、後輩はひたすら先輩が帰ることを祈りながら時間を浪費するしかない。「自分でカギを返しに行けよ！」と怒鳴りたくなったのは一度や二度ではなかった。ほかにも、自主練という名のほぼ強制参加の練習に惰性で参加したり、正直帰りたいけどみんなが残っているからとりあえずその場にいたり……なんてことは、どの部活でもあるだろう。

時間の浪費を疑問に思わないのは、部活という共同体のなかで、文部科学省のいう「連帯感」がちゃんと培われている証拠だ。喜ばしいことだとは思えないが。

問題はそれだけではない。部活というのは、基本的には学校単位での活動である。そのため交友関係はかなり限られ、長時間顔を合わせる部員のあいだには独特な閉鎖空間が生まれる。

閉鎖空間では「結束」という名の束縛があり、「連帯」という同調圧力がはたらく。部内の妙なルールに異を唱えたり先輩に反抗することは和を乱す行為とされるし、理由なく休んだり強く自分の意見を主張すれば、厄介者扱いされる。

結果、理不尽に対して「おかしい」と言えない空気になる。わたしは「なんで弓道部は茶髪・パーマがダメなんですか。黒髪ストレートなら的中率が上がるんですか」と内心思っていたような生意気な後輩だったので、こういった部活の空気が大嫌いだった（念のために書いておくが、弓道部が特別厳しかったわけでも、先輩が意地悪だったわけでもない）。

なんだか、先輩が帰るのを部室でひたすら待っていたわたしと、つきあい残業をしている人が重なる気がしてならない。学生のうちから「先輩の言うことは絶対」「雑用は後輩の仕事」といった理不尽に慣れてしまうと、将来社会人になっても「理不尽は当然で受け入れることなんだ」と思い込んでしまいそうだ。「自己犠牲は美しい」と認識することで、定時で帰宅する人を「ズルい」と思ったり、「有給休暇取得は怠慢」という思考回路にならないだろうか、心配である。

部活における美徳が、このところよく議論されている日本人の生産性の低さの一因になっている……と言ったら、こじつけすぎだろうか。

選択肢がなく、学校にしか居場所がない子ども

部活は、とにかく選択の自由が少ない。わたしは中学校で合唱部に入ったのだが、転

校先には、部員五人程度で昼休みにしか活動していない合唱部しかなかった。そのため、音楽繋がりということで、たいして興味のなかった吹奏楽部に入った。

部がなければ、その学校でその活動はできない。しかもひとつのスポーツや文化活動に対し、部活はひとつだけ。その部活が合わなければ、活動自体を断念するか習い事として地域のクラブに参加するしかない。わたしみたいに、弓道がやりたくてその高校に入ったのに弓道部が合わなくて辞め、近くにかんたんに利用できる弓道場もなく、結局完全にやめてしまうような生徒もいる。

さらに、部活は活動頻度もレベルも選べない。高校なんて、中学校からやっていた経験者と未経験者が一緒に活動したりする。緩くやりたい人も、とにかく勝ちたい人も、同じ部活に入るしかない

それなのに学校によっては、部活は強制参加だ。二〇〇八年のデータでは、岩手県では九九・一％の中学校が強制加入になっていたし、日本全体でも三八・四％の学校が全員参加を義務付けていた。強制参加なのに選択肢が少ないなんて、生徒からしたらたまったものではない。

朝練に参加してから授業を受け、放課後も練習して……となると、部活をやってる生

徒はほとんどの時間を学校ですごすことになる。クラス内でも部員と仲良くしている人は多いので、部活内のトラブルがクラスの人間環境にも影響し、部活でもクラスでも孤立する可能性だってある。

部活動に力を入れれば入れるほど、子どもは学校以外の居場所を失ってしまう。ひとつの場所に閉じ込めるのは、教育上よくないんじゃないかと思うのだ。

わたしが中・高と両方とも部活を辞めたのは、人間関係のわずらわしさと活動の楽しさを天秤にかけた結果である。

子どもが疲弊していく

中学校の運動部の平均活動時間は、平日でも二時間弱、土曜日にいたっては三時間以上という統計がある。二〇一六年度スポーツ庁の統計では、休養日が「週一回」は五四・二％、「設けていない」が二二・四％となっている。つまり八割弱もの運動部は、基本的にほぼ毎日部活をしているのだ。これでは生徒は勉強する時間がないし、部活以外のものに興味を持つ機会がなくなってしまう。

わたしが小学生だったとき、毎年お盆になったら家族で山口県の母方の実家に帰省していた。いとこの家族も来て、家の向かい側の空き地で花火をしたり、祖母特製の瓦そばを食べたりした（おばあちゃんが作る瓦そばは最高である）。

だが中学生になって、わたしもいとこも部活を始めると、部活のせいで実家に帰省することができなくなってしまった。親は休暇をとれるのに、子どもが夏休みに休暇をとれないのだ。

小学生のときは毎週のようにお父さんと歴史博物館に行ったりお母さんと図書館に行ったりしていたのに、中学生になったら部活のせいで行けなくなってしまった。三歳から習っていたピアノもやめた。

ひとつのことに熱中するのもいいが、それ以外のことにも目を向けられる程度の自由時間は必要だ。自分で活動頻度やレベルを選べないうえ、一度入部すると気軽に休めず時間の自由が大幅に減ってしまう部活は、本人はもちろん、その年代の子どもを持つ親にとっても、必ずしも「良いもの」ではない。

マネージャーはなぜ「女」なのか

さらにわたしが問題だと思っているのが、マネージャー＝女という認識があまりにも浸透しすぎていることだ。

かの名作『SLAM DUNK』でもマネージャーはふたりとも女子だったし、現在『週刊少年ジャンプ』で連載中の『ハイキュー!!』（バレーボールマンガ）もマネージャーは女子だし、『週刊少年マガジン』で連載されているサッカーマンガ『DAYS』だってマネージャーは女子だ。とにかく、マネージャーは女なのだ。そしてマネージャーがお色気要員として描かれることも珍しくない。

大学なんかはもっとあからさまで、たいしてスポーツをしない男子が集まる名ばかりのサークルに対し、スポーツになんかなんの興味もない女子がマネージャーとして参加する。要は、体のいい合コンである。

合コンが悪いとは思わない（わたしは残念ながら恩恵に与ったことはないが）。ただ、男女は同等の権利があること、互いに尊重しあうことを学ぶべき学校で、「女が男のアシスタントである」状態を放置しているのはいかがなものだろう。

「水」と言って手を出す男子高校生と、「お疲れ様」と言って水を差し出す女子マネージャー。そういった男子が将来セクハラ上司、モラハラ夫と呼ばれるようになるんじゃないかな、なんて思っている。

女子マネージャーは自ら希望して入部したのだから悪いことではないし、わざわざ男子マネージャーを増やす必要はない。それでも、思春期の子どもたちが「女は男のサポートをして当然」だと思ってしまわないように、もうちょっと配慮すべきじゃないだろうか。

「聖職」に就く教師の酷使

部活問題の当事者は、子どもだけではない。教師にとっても大問題だ。

二〇一三年のOECD国際教員指導環境調査によると、日本の中学校教師の平均合計仕事時間は、一週間で五三・九時間とトップになっている（参加国の平均は三八・三時間）。課外活動に使った時間は、平均が一一・一時間で、日本は七・七時間だ。

日本では教師が酷使されていること、部活がその一因となっていることは明らかである。

さらに二〇一六年度のスポーツ庁の調査では、八七・五％の中学校において「原則教員全員が顧問を務める」ことになっていることが明らかにされた。「現在担当している部活動の競技経験なし」の教員は、中学校で五二・一％、高校で四四・九％となっている（日本体育協会「学校運動部活動指導者の実態に関する調査報告書」［平成二六年七月］）。大半の教員が顧問になるのに半数弱の教員はその部活の経験がないなんて、やっぱりおかしい。

体育教師や音楽教師でもない教員が、顧問（コーチ）として部活を指導できないのは不思議なことではない。やったことがないのだから、できなくて当然だ。わたしが入っていた吹奏学部の顧問は楽器ができなかったし、弓道部の顧問は弓を引いたことすらなかった。だから顧問が部活に顔を出すことはなく、基本的に放置状態だ。

放置するなら、まだマシかもしれない。中途半端にド素人がはりきってコーチ面すると、怪我や事故につながる。そのうえ、チームが勝てるようにはならない。悲惨である。

二〇一二年に大阪市の高校で起こった体罰問題をきっかけに、文部科学省が運動部活動の在り方に関する調査研究協力者会議なるものを設置したが、その報告書には「指導が顧問の教員に任せきりとならないように」「優れた指導力を有する外部指導者が中心となって行うことが効果的である場合も考えられます」と書かれている。

正直「なにを悠長なことを言ってるんだ」と思うのだが、とりあえず教員を顧問にあてがっておけば部活として成り立つ、あとは現場でうまく調整してくれればいいという認識なのだろう。

部活のせいで教員が家に帰れない、そもそも顧問に部活を監督できる経験と知識がないという事実があるのだから、「効果的」なんて適当なことを言わずにさっさと外注すればいいのに、と思う。

「部活動はいまもあるし、楽しんでやっている人もいる。日本から出て行ったお前があれこれ文句言うな」

年を取って部活の負の面を忘れてしまい、「大変だけどがんばったなぁ」と部活を美しい思い出にした人は、こんなふうに言うかもしれない。

でもこんな日本式の部活は、世界の常識ではないことは知っておいていただきたい。

部活以外の選択肢

最近は「ブラック部活」という言葉が取り沙汰されるようになり、休養日の設定や顧問のトレーニングを実施するなど、たしかに部活環境の改善は進んでいる。

だが中・高と部活が心底イヤになって辞めたわたしとしては、部活以外の選択肢にもぜひ目を向けてほしいと思う。「部活をどうするか」も大事だが、「部活以外の場」についても考えてほしいのだ。

スポーツ庁の調査で、「文化部」に所属、もしくは「運動部や地域のスポーツクラブに所属していない」と答えた生徒が運動部に参加する希望条件として、「好きな、興味ある種目を行うことができる」（四八・九五％）、「自分のペースで行うことができる」（四六・一％）、「友達と楽しめる」（四六・八五％）を挙げている。

つまり学校の運動部では自分が興味のある種目ができず、自分のペースで活動できず、友達と楽しめないと思っている生徒が一定数いることになる。

いくら部活の環境を改善したとしても、生徒数や教員数、基本的に活動は校内という限定がある以上、生徒の希望にあわせて多く部活を運営するのはムリだ。自分のペースでの活動を認めれば積極的に活動したい生徒のやる気を削ぐだろうし、生徒同士のいがみあいの元にもなりかねない。友達がちがう学校にいたり、ちがうものに興味を示していたら、一緒に活動するのはむずかしい。地元に初心者を含む中・高生が参加しやすいサッカーチームやオーケストラがあるとは限らないし、習い事では個人レッスンが主になってしまう。

部活の体質や仕組みの改善は必要だが、それだけでは対処できない問題も多い。

市民クラブという選択肢

ドイツには、日本的な部活はない。そのかわり、フェアアイン（Verein）がある（「フェライン」と表記されることもあるが、発音的には「フェアアイン」の方が正しいので、ここではそう表記する）。

フェアアインは「協会」や「クラブ」と訳される市民団体で、地域のスポーツクラブやカルチャーセンターをイメージするとわかりやすいだろう。大半が非営利団体として登録されているので、ＮＰＯ法人に近いともいえる。

ドイツではこのフェアアインがとにかく活発で、フランクフルトがあるヘッセン州には、住民一〇〇〇人に対して八〇くらいのフェアアインがある。各学年三〇〇人ずついる中学校に、部活が八〇ちかくあるようなものだ。

二〇〇九年、七歳から一四歳の男子の八二・四％、女子の六三・一％が、フェアアインでスポーツ活動をしていた。文化活動も含めると、割合はもっと上がる。あまりに種類が多いので正確な統計を挙げるのはむずかしいが、全人口の三割くらいがこのフェアアインに参加している、という推定値を出している統計が多い。

フェアアインには、鉄板のスポーツはもちろん、陶芸やワイン造り、ヨガ、写真撮影など、さまざまな活動ジャンルがある。同じサッカークラブでも、勝つことを至上主義として週五回みっちり練習するクラブもあれば、週一回適当にゲームをするだけのクラブもある。

参加は自由なので掛け持ちもできるし、参加・退会も自分次第。忙しければ休むか活動日が少ないクラブに移動すればいいし、あくまで趣味として楽しみたいのなら、ゆるい活動をしているクラブに参加すればいい。

スポーツによっては第一リーグ、第二リーグ、第三リーグ……とレベル分けされているので、まだ始めたばかりなら下位リーグのチームに入ればいい。そうすれば似たような実力の相手と試合ができるし、物足りなくなったら上位リーグのチームへの加入を検討すればいい。チーム自体が強くなれば、チームごと上位リーグに上がれる。学校の部活のように「未経験者だから玉拾いから」「三年間ベンチ要員」なんてことは稀だ。

日本の部活のように二年半で強制的に引退、ということもないので、ライフステージが変わっても活動を続けられる。

ちなみに、わたしが三回ほど行ったバドミントンクラブは、月一〇ユーロ（一三〇〇円ちょっとくらい）の参加費だった。

わたしは現在フェアアインに入ってはいないが、在宅フリーランスとして働いていて引きこもりがちなので、なにかしらのフェアアインに入ろうと思っている。初心者向けのヨガやアーチェリーもいいし、ドイツ料理のクラブなんかもいいかもしれない。いろいろと顔を出してみて、おもしろそうなところがあれば入会するつもりだ。

フェアアインのいいところ

この市民クラブのいいところは、学校外に居場所を見つけられること、そしていろんな人と交流できることだ。

子どもにとって、家と学校以外にコミュニティがあるというのは魅力的だ。やりたいことをやりたい頻度でできるし、困ったことがあれば気心の知れた大人に相談もできるし、他校の友だちにも会える。

わたしのパートナーが参加している卓球クラブには、二〇代から五〇代くらいまで、さまざまな人がいる。彼が四〇代のチームメイトに進路相談をしたり、逆に年下のチームメイトに大学での様子を語ったりしているのを見て、わたしがいかに同年代だけとしか関わっていなかったかを思い知った。

日本の中・高生は、自分より一〇歳も二〇歳も年上の大人と関わる機会が少ない。わたしは大人になってから「案外みんな中退したり転職したりしてるんだな」と知ったが、中・高生のときは「いい大学に行って就職する」という生き方しか知らなかった。世代間交流は、視野を広げたり将来について考える際、とても重要になる。

また、フェアアインは生涯スポーツ・社交の場にもなりえる。日本では団塊世代が定年を迎えたことを踏まえると、退職した人が同じ趣味の人と語り合ったり若い人と交流できる場は、日本社会でも大切になってくるだろう。

規定内なら税金が免除されるので、副業としてフェアアインのコーチをしている人もいる。ちなみにわたしのパートナーも、同じフェアアインで子どもたちのコーチとしてバイトをしていた。サッカー留学に来ている日本人の友人も、コーチのライセンスを取ってフェアアインで働いている。

日本の市民クラブは

実は日本にも、フェアアインと似たような総合型地域スポーツクラブがある。文部科学省はこのスポーツクラブを、「多種目、多世代、多様な技術・技能の人たちで構成される」としていて、実際近所の中学校も、週に一度体育館を地域に開放していた。

だが、正直あまり活発だとは思えない。学校の体育館や運動場は主に部活で使われているし、参加できるほど時間に余裕がある社会人が少ないうえ、まだ認知度や浸透度が低い。

ドイツで市民クラブがこんなにも盛んなのは、もともと自治に対する意識が高いこと、（最近は終日の学校が増えたとはいえ）学校が昼に終わるから午後や夜に時間があること、助成金が充実していること、フェアアインに関しての法整備ができていること、「所属する場所は自分で選ぶ」という価値観があることなど、いろいろな理由がある。

日本でドイツのように市民クラブを普及させるのは、一朝一夕にはむずかしいだろう。でも部活の改善だけではなく、部活以外の選択肢にももっと目を向けていってほしい。

もし高校生だったわたしのまわりに弓道愛好家が集う場があったら、たぶんそっちに飛びついたのでは、と思うからだ。

5　欧米に「働き方改革」を学ばないほうがいいかも

日本で働きたくない

わたしは学生時代、日本の労働環境に絶望していた。嫌悪、といった方が正しいかもしれない。「日本で就職したくないからドイツへ行こう」と思うくらい、日本で働くのがイヤだった。のっけから批判で申し訳ないが、まぁちょっと聞いてほしい。

そもそもわたしは、日本で働くこと自体にいいイメージをもっていなかった。長時間労働やサービス残業が社会問題となっている国で、「就職」に希望を抱けないのも仕方のないことだと思う。

ネガティブなイメージに拍車をかけたのが、わたしのアルバイト経験だ。立場が上の人間が目下の人間を理不尽に怒鳴っても許されるのに、下の人間が上の人間に盾突くことは許されない。タイムカードの仕組みが労働法に違反していても、「慣例」の二文字で平気で正当化する。日本社会ではそういった人たちが平然と働いていても許されているし、多くの人がそれを当然だと思っている。

こういった不満を話しても、みんな「仕事はそういうもの」だと言う。「理不尽な上司はどこにでもいる」「我慢するのが一番」「金に頭を下げていると思え」。でもわたしは、そんな、なかば諦めにも近い気持ちで残り四〇年を生きたくなかった。

さらに、日本企業は女に冷たいというイメージも強かった。結婚や出産を機に退職し、現在子育てを終えた女性の多くは、「パートのおばちゃん」として働いている。わたしのアルバイト先にも、正社員と同じレベルの仕事をこなしているうえフルタイムで働いているのに、正社員にならない、なれない四〇代以上の女性がたくさんいた。

こういった環境もこれから変わっていくのだろうけど、身近な女性の先輩たちを見ていると、仕事と育児を両立してキャリアを続ける未来の自分像が想像できなかった。

極めつきは、就活だ。義務感によって就活に片足を突っ込んではみたが、すぐにやる気をなくしてしまった。みんな不自然なまでに髪を真っ黒にし、リクルートスーツを着て、対策本に則った定型文を述べる。大学によっては、就職センターがエントリーシートを添削したり、質疑応答の雛形まで一緒に作ってくれる。さらに、デジタルネイティブの世代が就職する現代ですら、「手書きの方が誠意が伝わる。修正液は禁止」と大学から指導されるのだ。ほかにも、「内定がもらえるメイク講座」のような就活ビジネスも成り立っている。どうやら、チークを入れる位置を変えるだけで内定に近づくらしい。チークってすごい。

日本で働くならこういった価値観や仕組みをある程度受け入れないとやっていけないのだろうが、幸か不幸か、わたしにはその適応力がなかった。

もちろん日本にだって、労働者を大切にするホワイト企業もあるし、生き生きと仕事をしている人もいるだろう。だが大学生だったわたしにはそういった企業や人に出会う機会がなく、「日本で働いたら幸せになれない！」と思い込み、二〇歳そこそこで日本を飛び出すことを決意した。

働き方改革

わたしが日本の労働環境に対して過剰に嫌悪感を抱いている自覚はあるものの、過労死や長時間労働、セクハラやパワハラといったことが問題になることが増え、労働環境に対して危機感を持っている人は多いはずだ。

現に「働き方を見直そう」という動きが活発になっている。働き方改革によって長時間労働がなくなり、仕事と育児が両立しやすい社会になるのであれば、ぜひとも進めてほしい。

だがその一方で、ちょっと心配なこともある。それは、「日本に問題があるから欧米のやり方をマネしよう」と考える人が出てくることだ。

日本のシステムに問題があるとなると、必ず引き合いに出されるのが「欧米」である。働き方に関していえば、「ヨーロッパではこれだけ休む」だとか、「残業はだれもしない」といった都市伝説が蔓延している。欧米の働き方を美化した結果、「日本の労働環境が劣悪なのはメンバーシップ型と呼ばれる独特な雇用形態にある。それをやめて、ジョブ型と呼ばれる欧米の働き方をマネしていこう」という結論にいきつくのだ。

事実、厚生労働省が発表した二〇一三年の「産業競争力会議『雇用・人材分科会』中間整理」において、はっきりと「ジョブ型の働き方を拡大」と書かれている。

この報告書の一部を、箇条書きで紹介しておこう。

・従来の日本的雇用システムでは様々な課題に対応できない。
・ジョブ型の働き方を拡大し、日本の強みとグローバル・スタンダードを兼ね備えた新しいシステムを作り出す必要がある。
・そのために必要なのは以下の三点。
Ⅰ　女性・高齢者などが働きやすい、職務などを限定した雇用機会の創出。
Ⅱ　企業外でもキャリアアップできる職業教育の充実。
Ⅲ　女性や高齢者、外国人などを含めた全員が能力を発揮できる社会の実現。

以上である。

でも、ちょっと待って欲しい。ジョブ型の働き方を拡大したら、日本の労働環境は劇的に改善して、「様々な課題」とやらに対応できるのだろうか。

そもそも日本のメンバーシップ型労働は、なぜダメだといわれるのか。欧米のジョブ型労働にすれば、その問題点が解決できるのだろうか。日本がジョブ型の働き方を拡大することは現実的に可能なのか。この章では、こういったことについて考えていきたい。

日本型の問題

日本と欧米の働き方のちがいをざっくりとまとめると、だいたいこんな感じだ。

・メンバーシップ型（日本）……採用は新卒一括が主流。社内で職業教育をしていくので、新入社員に特定のスキルは求めない。給料は年功序列に基づいた職能給。職種や勤務地、勤務時間を自分で決めることはできず、異動や転勤は基本的に拒否できない。

・ジョブ型（欧米など）……採用は欠員補充が前提。それぞれの仕事に対し、即戦力になると見込まれた人間が採用される。仕事に対して給料が決まる職務給。人事異動は基本的になく、昇進するには自らスキルアップして認めてもらうか、転職する。

このように、日本と欧米の働き方は大きくちがう（欧米といっても、多くのアジア諸国もジョブ型に分類されるのだが）。

では、日本のメンバーシップ型の働き方は、なにが問題なのだろう。日本の働き方への批判を分類すると、このようになる。

・ポテンシャルを重視する新卒一括採用では、即戦力になる学生が育たない。
・職種を限定しない働き方だから、プロフェッショナルが生まれづらい。
・横一線でみんな一緒に階段を上っていくため、一度階段を下りて出産・育児をした女性の社会復帰ができない。
・労働時間や職務が無限定で際限がないから、ブラック企業がはびこる。

これらの批判は、たしかに一理ある。だからこそ、「ジョブ型なら学生も即戦力だし、専門特化のプロフェッショナルが多いし、女性もバリバリ働けるし、ブラック企業はないし……」という発想になるのだろう。

だがわたしは、ジョブ型にすれば問題がすべて片付くとは、どうしても思えない。なぜそう思うのかを、美化されやすいドイツの働き方、特に就職活動・出世方法・給料・労働環境の点からお伝えしたい。

ドイツの就職活動

ジョブ型では、就活のハードルがとても高い。日本では、そのときの経済状況によるとはいえ、大学卒業の時点で多くの学生は就職先を確保できる。この二〇年を見ても、大学卒業時の就職率は、基本的に九〇％を超えている。

たいした社会経験がないうえ専門知識もない学生が、新卒であるというだけで仕事を見つけられるのである。これはドイツの学生からしたら、信じられないラッキーチャンスに映る。

ジョブ型は、「人」を中心に据えるメンバーシップ型とはちがい、「仕事」を中心とするシステムだ。日本のように採用してからその人に対して仕事を振り分けるのではなく、すでにある仕事に対して人が就く、と考える。

そのため、決まった時期に採用活動を行わず、空いたポストがあればそれを補う形で求人する。そこには「新卒」という概念がないため、学生であっても就活の際、すでになにかしらの分野に精通していなくてはいけない。

では、即戦力であることを求められるドイツの学生たちは、どうやって即戦力になるのだろう。答えは簡単で、大学在学中、もしくは卒業後に下積みをするのだ。

下積みとはだいたいの場合、インターンシップを指す。リクルートキャリアの調査では、二〇一七年度に実施予定だった日本のインターンシップの四四・五％が、たった一日の開催だった。ちなみに、就活長期化の懸念があるため、表向きはインターンと採用は直結させてはいけないことになっている。

一方でドイツは、短くとも一ヵ月フルタイム、半年以上の長期インターンもある。「大学生でも実務経験を積むべき」という考えから、多くの大学は、卒業要件にインターンシップを組み込んでいる。その場合、形式上は労働者ではなくあくまで学生の就業体験なので、長期休暇の六週間まるまるタダ働きであることが多い。

インターンで企業から良い評価や推薦状をもらえれば就活で有利になるが、インターン先でたいしたことを勉強できずにアピールポイントが作れなかったときは、就職のことを考えて次のインターン先を探すことになる。インターンシップのために卒業を延ばす学生だって珍しくない。現実はシビアである。

ドイツの就職活動で挫折

わたしは二〇一四年の三月に立教大学を卒業し、その年の九月にドイツへ渡った。当時は「大学卒業したばかりの新卒である」「ドイツ語がある程度話せる」という理由で、なんやかんや仕事が見つかると思っていた。実際、まわりの友人も「どうにかなる」と言ってくれた。

ちなみに当時のドイツ語レベルは、CEFR（ヨーロッパ言語共通参照枠）で、C1に届くくらい。TOEIC換算すれば、九四五点以上になる。留学生のなかではトップクラスだったし、ドイツ人の友人からもドイツ語力を褒められていたので、驚くほど楽観的に「仕事が見つかる」と信じこんでいた。

というわけで、さっそくいろいろな企業の採用ページを見てみた。主にメディア系の求人だ。もったいぶる必要もないので結果を書くが、応募できる仕事自体が見つからなかった。内定が得られなかったのではない。応募できる仕事が見つからなかったのだ。

恥の上塗りではあるが、具体的にどういうことかをお伝えしよう。

ドイツの求人は、大きく分けて三種類ある。

・中途採用（エグゼクティブ）：すでに職歴があるスペシャリストやマネージャーなどの管理職志望向け。
・エントリー：これからキャリアをはじめる人向け。

・ミニジョブ：月四五〇ユーロまで稼げる非課税のアルバイト向け。

わたしにはエグゼクティブ求人に応募できるような立派な職歴はないので、まずエントリー採用に目を通してみた。だがエントリー採用は、大半がインターン生としての募集だったのだ。

インターンシップとはいっても、なかなかハードルが高い。メディア関連のエントリー採用なら、多くの場合で「マーケティングやメディア関連の専攻、もしくは職業教育を受けていること」という条件がついていた。この段階でわたしは失格である。

大手企業ともなると、そのうえで大学の成績の条件までついてくるし、インターンシップの募集ですら「実務経験がある人優遇」と書かれていたりする。

規則や権利にうるさいドイツでも学生がおとなしく無給や低賃金でインターンをするのは、インターンをしないと仕事が見つからないし、うまくいけばインターンから正社員への道が拓けるからなのだ。企業としても、優秀な人材を無料、もしくは激安で得ることができるというメリットがある。

職務経験なしでいきなり正社員としての仕事を見つけるのは、ドイツでは至難の業だ。

わたしに「仕事見つかるよ」と言ってくれていた人に「想像とちがう！」と愚痴ると、こんな答えが返ってきた。

「文学部なら在学中に職業に直結しやすい授業を取っておくとか、実務的なアルバイトやインターンをしなかったの？　大学に通いながら短期の職業教育講座を受けたりだってできたでしょう？」

「（ちゃんと準備しておけば）仕事見つかるよ」という意味だったらしい。

「もっと下調べしておけ」というもっともなご指摘をいただきそうだが、日本の新卒採用が当然だと思っていたわたしにとっては、ジョブ型の就職の仕組みは想定外だった。

理想のように語られる即戦力の学生は、時間や労力などを投じて即戦力になるのであって、大学に通っていたら勝手に即戦力になっていました……なんて都合のいい話ではないのだ。

キャリアアップの厳しさ

キャリア形成も、日本とドイツでは大きくちがう。日本では年次が上がるごとに仕事の難易度が上がって自然とステップアップしていけるが、ドイツでは基本的に、担当の仕事をやり続けることとなる。

就職するときに「あなたにはこの仕事をこの勤務地でこういう条件でやってもらいます」という契約を交わすから、企業は人事異動や転勤でフレキシブルに人を割り振っていくことができない（だから欠員募集になる）。

上のポジションを狙いたいのであれば、大学院に進学したり上級の職業教育を受けるなどして、社内の空いているポジションに応募する。空きがない、もっといい待遇がいいという場合は、エグゼクティブポジション、いわゆる上級管理職を募集している会社に応募して転職する。

日本企業はなにもできない「新卒」という赤ちゃんの手を引いて階段を上らせてくれるが、ドイツでは自分で階段を一段作っては上り、一段作っては上り……を繰り返さなくてはならない。

そう聞くと、「やりたい仕事ができる」「会社に振り回されずに済む」と思うかもしれないが、そうとも限らない。

大学で人材マネージメントを学び、人事部でインターンをし、人事部に就職した人が、「やっぱり広報部で働きたい」と思ったとき、ドイツではいちからキャリアをやり直す必要がある。

日本だったら人事部という階段から広報部という階段に横移動すればいいのだが、ドイツではまず人事部で築いた階段から下りて、広報部の階段の一段目から上らなくてはいけないのだ。

融通がきかないジョブ型には、見すごされやすいデメリットもある。

たしかにドイツはプロフェッショナル志向ではあるが、そのぶん浅く広い知識と経験を持ったジェネラリストが少なく、ひとつの職種しかしない、できない人が多い。自分の仕事以外にはみんな無関心だから、関係のない仕事を手伝ったり便宜を図ってあげようといったこともあまりない。それは、必ずしもいいことだとは言えないだろう。

余談ではあるが、ドイツの労働関係の本では、「もっと柔軟にすべきだ」という主張をよく見かける。マルチジョブ戦略にしてジェネラリストを育成しようだとか、勤続年数をもっと評価してもいいのではないか、といった意見だ。

日本の「ジョブ型雇用を拡大して職種や勤務地を限定していこう」という動きに対して、ドイツでは「もっと限定部分を減らしてフレキシブルにしよう」と言っているのだから、結局どの国からしてもとなりの芝生は青く見えるらしい。

職能給も厳しい

ドイツでは、仕事によってある程度給料が決まっている。そのため、転職しても仕事内容が同じであれば、大幅に給料が下がるということはない。一年目でも五年目でも、同じ仕事をしている人には同じ給料を、という考えが基本的だ。できることが増えてレベルアップしたら、そのレベルに応じた職務給が支払われる。

日本のような「初任給」という考えもないので、労働者と雇用主は面接で給料について交渉することになる。優れた経歴を持っている人には最初からレベルの高い仕事を任せられるので、給料は高くなる。逆もまたしかりだ。

こう聞くと「成果を正当に評価されていいじゃないか」と思いそうだが、これもまたそうかんたんな話ではない。

国税庁の民間給与実態統計調査による報告（二〇一六年）では、日本人男性の平均給与は、二〇～二四歳は二七五万円、二五～二九歳は三八三万円、三〇～三四歳は四五七万円となり、四〇歳～四四歳で五六三万円、五〇歳～五四歳で六六一万円と上がり続けていく。勤続年数別の平均給与も同じで、一～四年目の三七三万円から上がっていき、三〇〜三四年働けば、平均給与は七六一万円となる（女性の平均給与は三〇代から徐々に下がり続けるが、これは結婚や出産を機に退職したりパートタイム雇用によるものだろう）。

　では、ドイツではどうか。

　二〇歳の平均年収二万八八二二ユーロ（一ユーロ＝一三〇円換算で約三七四万七〇〇〇円、以下同レートで計算）、二五歳では三万六〇二二ユーロ（約四六八万三〇〇〇円）と上がっていくが、四〇歳をすぎるあたりで、頭打ちになる。四〇歳の平均は五万五四六一ユーロ（約七二一万円）で、五五歳の五万六一二一ユーロ（約七三〇万円）と、あまり差がないのだ。

　もちろん、ドイツでも給与が上がり続ける人はいる。肩書きを持つ、いわゆるエリートたちだ。

　こういった男性たちの給料は、定年までどんどん上がっていく。女性の場合でも、五〇歳あたりまでは昇給し続ける。

　つまりドイツでは、大半の人は四〇歳程度で昇給しなくなる一方で、肩書きを手にする一部の人は継続的にキャリアアップしていくのだ。どちらの割合が多いかといえば、もちろん前者である。

ドイツに残業がないという神話

ドイツには残業がまったくないかのように語られるし、そういった本も売れている。だがドイツはEUのなかで残業が多い国として知られているし、わたしが知る限り、「残業なんて絶対しません」と言う人はだれひとりとしていない。

わたしのパートナーはインターン生でありながらしょっちゅう残業をしていたし、わたしだってたまに残業していたし、残業で飲み会に遅れてくる友人だっている。

BAuA（Bundesanstalt für Arbeitsschutz und Arbeitsmedizin）の統計では、フルタイム勤務者は平均して週四三・五時間働いている。週に四八時間から五九時間働いている人は一三％、六〇時間以上が四％となっているので、単純計算でだいたい五人に一人は週四八時間以上働いていることになる。

残業時間でいえば、フルタイムの男性労働者のうち七割は週の残業が五時間以下だが、一九％は五時間から一〇時間、一一％が一〇時間以上残業している（女性だとほんの少し残業数が少ない）。五人に一人は月二〇から四〇時間、一〇人に一人は月四〇時間以上の残業をしている計算だ。

もちろん、すべての残業に確実に残業代が支払われているわけではない。いくらドイツだからといっても、終わらせなくてはいけない仕事があるのにみんな仕事を放り投げて家に帰るのだろうか。さすがに、そんなことはない。いや、できなくはないが、そんな人に仕事を任せたいだろうか。

どんどん働いてどんどん稼ぎたい、昇進したい、上司に認められたいという人は、むしろ残業してでも結果を残す。さらに、成果を求められやすい管理職は、他の人より多くの残業をする傾向がある。

ただ、ドイツでは「残業をなくそう」ではなく「労働時間を柔軟にしよう」という考えのもと、労働時間貯蓄制度が一般化している。「今日は一時間残業したから明日は一時間早く帰ろう」「残業が続いたから休日として振り替えよう」ということを可能にする制度だ。ＩＡＢの統計によると、二〇一一年の時点ですでに五四％の労働者がこの制度を使えるとのこと。

そういう意味で、ドイツの残業は日本の残業と少しちがった性質をもっている。

効率的に働くという幻想

「ドイツ人は効率的に働くから定時に帰れる」というのも、わたしはあまり信じていない。それならすでに世界各国がドイツと同じ働き方にしているはずだし、ドイツ人だけがそんなに有能なら、グローバル企業はこぞってドイツ人を採用しているはずだ。

だからわたしは、ドイツ人の優秀さより、ドイツの効率的に働ける環境に注目すべきだと思っている。

ジョブ型のドイツでは、年次を重ねて自然とキャリアアップするわけではない。どんな仕事を任されるかは、労働者のキャリアや経歴によってある程度決まっている。それは日本の高卒と大卒の区別なんかよりも、もっと露骨だ。

だれにでもできる単純作業は、かんたんな職業教育を受けただけの人やドイツ語がままならない移民などに任せる。もちろん低賃金だ。高度な仕事は、大学で専門に勉強した人や高度な職業教育を受けた人に任せる。そういった人たちには、それに応じた給料をしっかりと払う。日本では新人に任せるような簡単な作業は、インターン生などにやってもらう。

そうすることで、優秀な人が雑務に労力を割く必要はないし、知識や経験がない人がむずかしい仕事を任されて右往左往することもない。階級の存在が、ドイツにおいて「適材適所」として効率化に役立っているのだろう（それがいいことかは別の話だが）。

さらにドイツは、なんでも担当制のうえ、予約制だ。学生保険からフリーランス保険に切り替えるとき、まず学生保険の解約・変更方法を担当者に相談し、そこからフリーランス保険の担当者と話すために予約をする。二六歳になって銀行口座情報を更新する際も、担当者から電話がきて日時を決めて足を運んだ。その後、保険や銀行口座について聞きたいことがあれば、その担当者に相談するのが基本だ。窓口に行って「○○さんはいますか」と聞くか、メールや電話で訪問することを伝える。相手の都合が悪ければ、ちがう日にしなくてはいけない。緊急ならば多少融通を利かせてはくれるが、担当者以外はだいたい知らんぷりである。

利用者に対して無情なまでの担当・予約主義によって、いちいち上司の許可を得たり連携を取る手間を減らし、仕事の量をきちんとコントロールし、責任を明確にしているのだろう。

また、理不尽な要求をしてくる上司には、明確にノーと言う。「その量はひとりではムリです」「こっちの仕事があるのでその期日には間に合いません」と言うのは、労働者の権利だと理解されている(絶対に認められるわけではないが)。

日本には正式にマネージメントを学んだことがない管理職が多いが、ドイツで管理職に就きたいのであれば、職業教育や大学などで経営を学んでおく必要がある。そのため、仕事の量が多すぎる=上司の差配が悪い、となるのだ。

ほかにも、上級役員でなくとも個室をあてがったり、お互いが視界に入らないようなデスクの配置でほんの数人が一部屋使っていたりと、仕事場のレイアウトも日本とは大きくちがう(ためしにBüroもしくはBueroで検索していただきたい)。

また、休暇や病欠で人がいないこともあるので、書類整理やデータ管理がしっかりされているのもドイツのオフィスの特徴だ。どのオフィスでも整然とファイルが並んでいるのを見て、「ドイツはきっちりしているなぁ」なんて思ったものだが、ゴチャゴチャしていればたしかに効率が悪い。

わたしはこういったことを実際に目の当たりにしたから、安易に「ドイツ人は優秀で効率的に働く」というのには疑問があるし、「ドイツでは効率的に働ける工夫をしている」という方が納得しやすい。

権利を主張する文化

ドイツは、毎年一ヵ月の休暇を取る国としても知られている。「みんな休暇を取っても仕事が回る。さすがドイツ！」なんて主張を見かけたりもするが、これもまたちょっと首を傾げてしまう。

だれかが休暇を取れば、仕事は滞る。当然だ。バカンスに最高の八月は全然仕事が回っておらず、手続きがなにも進まないこともある。さらに担当主義なので、「それは担当者じゃないとわからない。担当者が帰ってくるのは一ヵ月後」なんて言われたら、もうお手上げだ。

そのうえ、最近は「つながらない権利」が注目されはじめている。問い合わせても、「休暇中なのでこっちの人に連絡してください。あなたのメールは受信ボックスから自動的に消えます」という自動返信が返ってくるのだ。かかりつけ医に血液検査の結果を聞こうとメールしたときの返事がこの自動返信だったときは、さすがに驚いた。

みんなが休暇を取っても問題なく仕事が回っている？　そんなことはありえない。それなら、その人たちを雇う意味がない。客も含めたみんなが「お互い様」だと諦めている、割り切っているといったほうが正しいんじゃないだろうか。

自分が休む権利を行使するからこそ、他人が休んでいることに理解を示す。それだけであって、休暇を取る人だらけでも問題なく、いつもと同じように仕事が進むなんてことはない。

日本は休めない代わりに便利さを求め、ドイツは不便でも休むことを重視した。ただそれだけのちがいだ。

ジョブ型への移行は可能か

やや脇道にそれてしまったが、そろそろ「日本は本当にジョブ型雇用を拡大できるのか、拡大すべきなのか」という本論に入ろう。

日本が本気でジョブ型雇用を拡大するとしたら、以下の三点が絶対条件になる。

Ⅰ　職種や勤務地などを限定した採用活動。人事異動は基本的には行わない。

Ⅱ　企業外での職業教育の充実。職業教育はさまざまな職種と熟練度に対応しなくてはならない。

Ⅲ　仕事によって給料が決まる職務給に変更。年功序列を基にした職能給制度の廃止。

ジョブ型では、「だれがなんの仕事をするか」をはっきりさせてからの就職・採用が前提となる。だがその採用方法では、「総合職」というあいまいな職種は成り立たない。

人事異動が基本的になくなるので、企業内の人材の調整がむずかしくなり、新卒一括採用ができなくなる企業も増えるだろう。つまり、ジョブ型雇用の拡大は新卒採用の撤廃につながるのだ。

そうすると、学生は即戦力でなければ就職できなくなる。では日本の学生がドイツの学生のように何ヵ月もインターンをして、卒業を延ばして職歴を積んで……というフレキシブルな学び方ができるかといえば、それもむずかしい。

職業教育もまた難題だ。東京都のサイトによれば、都立職業能力開発センターで受けられる短期の無料職業訓練の職種は三〇種類ちょっと。就職を目指すためのものなので、基本的には初心者向けだ。キャリアアップのための職業教育なんてほとんどない。強いていうなら資格取得のための社会人向けの学校だが、それをまとめて職業教育と呼ぶかどうかは微妙なところだ。

「企業外で職業教育を」とはいっても、エントリーレベルの内容なら今までどおり入社してから教えればいいし、エグゼクティブレベルの内容なら外でヘンな知識を身につけてくるより企業内で出世していけばいい、と考えそうなものだが、どうだろう。

資格が必要な職種ならともかく、メンバーシップ型のなかで、官民が協力して職業教育の環境を整えられるのか、職業教育を受けた経歴がどれだけ評価されるのか、やっぱり疑問である。

年上を敬う文化

給料体系についていえば、年功序列の職能給から仕事に値段をつける職務給への移行の議論は、実はもう何十年もされている。一九五〇年代にはすでに日経連が呼びかけていたし、能力主義を唱える人は決まって年功序列システムを批判していた。だが日本では、結局職務給は流行らなかったのである。

日本ではなんの仕事をするかがハッキリしていないから、仕事に対して給料を決める職務給が成立するはずもない。また、スペシャリストよりもジェネラリストを育成する日本の企業内では、職種を変えるたびにイチから評価しなおさなくてはいけない職務給は、単純に相性が悪い。

日本人の価値観もまた、職務給への移行を妨げるもうひとつの理由になる。年上を敬うという価値観が浸透している日本では、年をとればみんな昇給する、年上は年下の面倒を見る、年下は年上の者についていくという職能給の方が、受け入れられやすいのではないだろうか。

職務給にするとはつまり、日本に根付いている先輩後輩の関係を壊すことでもある。先輩至上主義の部活がまかり通っているなかで、そんなかんたんに価値観が変わるのか、これもまた疑問である。

ジョブ型への移行は困難

こういったことを考えると、やはり日本がジョブ型に移行するのは現実的にむずかしいんじゃないかと思う。

なにかと批判される日本のメンバーシップ型ではあるものの、人事異動により再起のチャンスが与えられたり、年功序列によってある程度の昇進が見込めたり、ド素人でも企業が丁寧に研修してくれたりと、いいところもあるのだ（このメリットも最近は薄れているかもしれないが）。

それなのに日本お得意の「欧米のいいところを受け入れて日本流にしてしまう」という必殺技を使ってしまったら、逆に中途半端になるだけだろう。

日本の労働環境を嫌悪していたわたしからすれば、たいした教育制度が整っていないのに学生は即戦力であることが求められ、まともな専門知識もないのに職務限定雇用によりさまざまな分野でチャレンジする機会を奪われ、キャリアアップの機会が用意されていないのに職務給だからと低賃金で酷使され、人事異動ができないから解雇される……といった地獄絵図の方が容易に想像できてしまう。

現状根付いているメンバーシップ型と欧米のジョブ型はあまりにもかけ離れていて、都合よくジョブ型のおいしいとこ取りができるとは思えない。わたしが日本でのジョブ型雇用の拡大に懐疑的なのは、こういった理由からだ。

たしかに、日本の労働環境には変革が必要だろう。だがそれは、「ジョブ型の拡大」でなくてもいいはずだ。

たとえば、ヤフーは新卒一括採用を廃止し、ポテンシャル採用なるものを始めた。三〇歳以下ならば新卒、既卒限らずに通年で応募できるという新しい採用方法だ。この方法なら、海外の大学を卒業した人や修士号などを取得した人、海外を放浪していた人なども応募できるようになる。

「新卒」という概念を広げてはいるが、入社時期は四月か一〇月と決まっており、その名の通り経歴ではなくポテンシャルを重視する点で、あくまでメンバーシップ型の採用である。

だがこうしたメンバーシップ型採用のマイナーチェンジだって、慣習を変える大きな第一歩だ。職業教育の環境が整っていないのにジョブ型を推進するよりも、よっぽど現実に即している。

わたしはジョブ型への移行はあまりうまくいかないと思っているので、あくまでメンバーシップ型を改良することに注力し、一部のスキルがある人のわき道というようなかたちで、ジョブ型の働き方を整備していけばいいと思っている。

もうすでに少しずつそうなってきてはいるが、基本的にはメンバーシップ型の働き方をより良くする方法を模索し、それと並行してジョブ型の働き方を制度化するのだ。

あくまで素人案でしかないが、新卒の概念をもっと大きくして、就職前にインターンシップやアルバイトとして仕事を学べるようにしたり、望まない転勤や単身赴任で個人のライフプランを壊さないように、会社と交渉できるようにするのはどうだろう。管理職になる人には、免許証の更新のように人材マネージメントや労働法を学んでもらうのもいい。そうすれば理不尽な指示もちょっとは減るかもしれない。

その一方で、「成果を売る」という働き方をちゃんと制度化する。成果重視なら労働時間や働く場所はもっと融通が利くだろうし、兼業やパラレルキャリアなんかも問題ない。育児や介護、病気療養などによりフルタイムで働けない人たちだって、リモートワークで社会復帰しやすくなる。

実在しない美化された他国の働き方をうらやむより、日本の働き方のよさをなくさずに悪いところを減らす、日本の働き方に馴染めない人にもうひとつの道を用意するといったほうが、合理的だ。

6　教育格差を嘆く前に知っておいてほしいこと

教育の機会均等は可能か

もしあなたが「日本の教育は平等か」という質問をされたら、どう答えるだろうか。たぶん多くの人は、「平等ではない」と答えるんじゃないかと思う。というのも、「親の年収が高ければ子どもが高学歴になる」といった情報、あるいは「奨学金という借金で貧困に陥る若者が急増」といった報道を目にすることが増えているからだ。

教育格差についての記事や番組の論旨は、こんな感じでまとめられる。

「いい大学に入るためには塾に行かせなくてはならない。塾にはカネがかかるから、親が金持ちだと有利だ。奨学金を借りて大学に行ったとしても、その後非正規雇用などで奨学金が返せず、貧困に陥ることになる」

なるほど、たしかに筋は通っている。「親の経済力によって教育格差があるのは子どもにとって理不尽だ」という指摘から、「国がもっと教育にカネを使って、だれもが等しく教育を受けられるようにすべき」という結論になるのも、自然な流れだろう。

そういった世論の後押しを受けて、二〇一〇年四月から、公立高校の授業料が無償になった。わたしはその年の三月に公立の高校を卒業しているので悔しくは思うものの、事実上義務教育のようになっている高校の授業料が無償になったのは、大きな進歩といえる（現在所得制限があるが）。

さて、高校無償化の次に注目されるのは、大学の学費だ。日本の大学の授業料はべらぼうに高い。二〇一五年度、二・六人にひとりの大学・短大生（大学院、高等専門学校、専修学校も含む）が、日本学生支援機構から奨学金を借りているという状況になっている。

二〇一七年のOECDのレポートによると、日本の公立大学の平均学費は、加盟国三四ヵ国のなかで三番目に高い五二二九ドルだった。一位はアメリカの八二〇二ドル、次はチリの七六五四ドル。一方、加盟国の約三分の一の公立大学は、授業料が無料だそうだ。こういった統計からも、日本は教育にカネがかかる国だとわかる。

では逆に、「教育にカネがかからない国」といったら、どの国を思い浮かべるだろうか。たぶん、社会福祉が発達しているイメージがある北欧、大きくいえばヨーロッパが頭に浮かぶのではないだろうか。

わたしが日本にいたとき、「ヨーロッパには入学試験がないし授業料もかからないのに、日本は遅れている」なんて話をよく耳にした。だが今となっては、その情報に首をひねってしまう。というのも、むしろドイツの方が教育格差が大きいという印象を受けたからだ。

この章では、自分が経験したドイツでの学生生活をもとに、教育の機会均等について考えてみよう。

ドイツの大学はタダではない

誤解している人が多いようなので訂正すると、ドイツの大学はタダではない。もともとは学費無料だったが、財政が圧迫されたため学費の導入がはじまった。それに対し学生は激怒して、各州で抗議デモが多発。導入の撤回をした州もあるし、しなかった州もある。つまり、大学によっては学費がかかるのだ。

たとえばボン大学は一学期二八七・二二ユーロかかるし、ベルリンのフンボルト大学は三一四・三九ユーロ、ハイデルベルク大学は一五二・三〇ユーロ、フランクフルト大学は三六六・一一ユーロかかる。

わたしの留学先、入学先の大学にも学費はあったし、身近に無料の大学がほとんどないので、「ドイツは学費が無料」と言われると反論したくなってしまう。

とはいえ、学生証で一定区間の公共交通機関が乗り放題になるので、学生は学費を払っているというよりも通学定期を買っているようなイメージではあるが（たとえば新宿にある大学に通っていたとしたら、東京都や神奈川、埼玉、千葉県など通学できるであろう範囲の電車やバスがタダで乗れる）。

ドイツでは「授業料」は基本的にないが、諸経費として学費がかかる公立大学もある。本論に入る前に、「ヨーロッパは学費がかからない」とは限らないことを訂正させていただいた。もちろん国によって状況は大きくちがうのだが、とりあえずドイツはこんな感じだ。

大学の入学資格

では本論の、「教育の機会均等」に入ろう。まずは、明らかに格差があるドイツの教育制度をさらっと紹介したい。

ドイツの教育制度は特殊で、それだけで本が数冊書けるほど複雑だ。ドイツ教育の詳しい分析は専門家に任せ、本書ではかんたんにまとめる（州によって就学年数がちがうこと、最近はいろんなタイプの学校ができていること、職業教育にもたくさんの種類があることは理解しておいていただきたい）。

ドイツの教育制度では、四年制の小学校に通ったのちに、主に三つのコースに分かれる。

Ⅰ　ギムナジウム……八、もしくは九年制。日本でいう中・高一貫校。一般大学入学にはギムナジウムの卒業試験であるアビトゥーア（いわゆる高卒資格）が必要になるので、大学に進学したいなら実質ギムナジウムに進学する必要がある。

Ⅱ　実科学校……六年制。卒業後、上級専門学校に進学する人が多い。職業教育を経て単科大学に進学したり、実科学校で好成績を修めてギムナジウムに編入、総合大学入学も可能。

Ⅲ　基幹学校……五年制。卒業後は職業訓練を受けながら働くことが一般的。

このように、小学四年生、一〇歳前後でだいたいの人生の既定路線が決まるのがドイツ教育の仕組みだ。

一〇歳というと、わたしがひたすら遊☆戯☆王カードに夢中になっていた時期だ。もちろん、将来のことなんて考えたこともなかった。だからドイツでは、どのコースに進むかは本人の成績と希望などを踏まえて、大人が決める。本人の成績といっても小学校での学力差なんてたかが知れてるから、結果的に親の学歴が大きく影響する。

その傾向は、統計をみればよくわかる。大学進学コースであるギムナジウムに通う生徒の親の六四・二%が、同じくギムナジウム出身だ。一方で、就職コースの基幹学校に通う生徒の親は、同じく基幹学校に通っていた割合が四三・四%になっている（ちなみに基幹学校出身の親を持つギムナジウム生は七・一%、ギムナジウム出身の親を持つ基幹学校生は一四・九%）。

そう聞いても、「日本だって高卒の親の子どもは高卒の割合が高いから同じだ」と言う人もいるかもしれない。だが日本とのちがいは、ドイツにはそもそも大学入学資格がない人が一定数いるということだ。

前述の通り、ドイツで一般大学に進学するためには、例外はあるものの、基本的にギムナジウムを卒業している必要がある。ギムナジウムの卒業試験が高卒認定になるからだ。

二〇一七年度、ギムナジウムに進学した小学生は四四・二％に留まっている。ギムナジウムに進学したものの授業についていけずに実科学校に編入したり、その逆が起こったり、卒業試験であるアビトゥーアなしに大学入学資格を得た人が少数いることを踏まえても、一般大学への入学資格がある学生自体、半数にも満たないだろう（これでも増えたほうではあるが）。

一方日本では、二〇一五年の高校等への進学率は九八・八％。高校中退率が例年一％台ということを考慮しても、九割以上が高校を卒業していることになる。そして日本では、高校を卒業していれば大学に入る資格がある。偏差値が低い高校に行ったから大学に行く資格がない、中学校の成績が悪いから大学に行く道が途絶える、なんてことはないのだ。

ほとんどの人が大学入学資格を持っているという点では、ドイツより日本の方が「教育の機会が均等」といえそうなのだが、いかがだろうか。

入試がない＝だれでも大学に入れる？

入学資格の次は、入学試験についての現実をお伝えしたい。ドイツには日本のような「入試」はない。だが、だからといって「だれでも入れる」なんて思ったら大間違いだ。本当にみんなが大学に入れるのであれば、ドイツの国庫はとうに空になっているだろう。

まず、アビトゥーア（高卒資格）をとれる人が限られている。たしかにドイツには芸術系や建築系といった特殊分野を除いて入試はないが、多くの専攻で入学制限（ＮＣ）が設けられている。要は、アビトゥーアの成績による足切りである。ＮＣがない専攻ならアビトゥーアだけで入学できるが、ＮＣがない＝人が集まりづらい専攻であるともいえる（率直にいえば不人気だ）。

具体的に、ケルン大学の二〇一七年の冬学期の様子をみてみよう。ケルン大学のＮＣの仕組みでは、応募してきた学生のなかでアビトゥーアの成績がいい学生を二割、入学待機期間が長かった学生を二割採る。そして残りの六割は、アビトゥーアの成績がいい順に定員まで入学許可していく。

日本式にたとえれば、まずセンター試験の得点が高い上位二割を合格させ、その後浪人した期間が長い人を二割合格させる。あとは定員まで、センターの得点をもとに順次合格させていくイメージだ。

たとえば社会学専攻では、まずアビトゥーアの成績上位者二割を入学許可（アビトゥーア一・九まで）。つぎに待機期間が長い二割、この場合四学期間（二年間）入学を待っていた人が入学許可を得た（アビトゥーアの成績は平均三・一）。そこから定員いっぱいぶん、アビトゥーアの成績順に入学許可が下りる。結果的に、アビトゥーアが二・八までの成績の人たちが「合格」を手にした。

ちなみにドイツの成績は一・〇が一番良く、四・〇が「可」、五・〇が「不可」となる。日本は五段階評価で五が一番良くて二が「可」、一が「不可」だから、似たような感じだ。

わたしがドイツの大学に入学するとき、アビトゥーアに準ずる成績証明が必要だったので、高校と大学の成績を提出した。その成績をドイツ形式に換算すると、一・三とのこと。一・〇が最高だから、優秀なグループに入る。おかげで、NCの学部にもなんなく入学できた（マジメに勉強してきた自分を褒めてやりたい）。

一方まわりには、アビトゥーアの成績が足りずに希望学部に入れなかった人が大勢いた。ルーマニアから来た友人は心理学部を希望していたが、あまりに倍率が高くて二年待っても入学許可が下りなかった。別の友人の弟はアビトゥーアで一・三という好成績を修めたが、一・〇がザラである医学部を志望していて入学許可が下りなかった。現在は病院で職業教育を受けつつ、毎学期申し込みを続けている。

たしかにドイツの大学には、入試はない。だがアビトゥーアで選別されるという点でいえば、「だれもが」「好きなことを」「いつでも」学べる環境ではないのだ。

日本は私立大学が多いので、高校の偏差値が低くとも、内申点が悪くとも、センター試験がうまくいかずとも、全学部入試やセンター利用、個別日程など入学のチャンスが何度もある。浪人という切り札だって切れる。

ドイツではアビトゥーアの一発勝負だし、入学できなければひたすら待機するしかない。

こんな感じで、「ドイツの大学にはだれでも入れる」というのが必ずしも正しくないことがおわかりいただけたかと思う。実は、学歴に関しては、日本の方が一発逆転が可能なのだ。いくら高校時代に遊びほうけていても、一発勝負の試験さえクリアすれば、いい大学に入れるのだから。

卒業をむずかしくする、という議論

入学について説明したので、今度は卒業についても触れよう。

日本の大学には入試があるぶん、卒業が簡単だと言われている。二〇一一年の総務省の統計では、日本の大学生は中学生や高校生はおろか、小学生よりも勉強していないという衝撃的な結果が明らかにされている。だから「大学生はもっと勉強すべき」という意見も理解できる。

「理系は勉強している」という反論がきそうだが、二〇一六年度の学部生のうち五割以上が人文科学・社会科学・教育のどれかを専攻しているのに対し、理学・工学・農学は二割ほど。わたしが文系だったこともあり、この先文系をメインに話を進めることをお許しいただきたい。

わたしが通っていた立教大学文学部を卒業するのは、控えめに言っても楽勝だった。わたしはレポート評価の授業ばかり取っていたから、在学中の三年間（一年間ドイツ留学していた）で実際受けたテストは、五つもなかったと思う。卒業論文すら「書かない」という選択肢があったほどだ。文学部は「あそぶんがくぶ」と呼ばれていたし、「楽に単位が取れる授業」という意味の「ラクタン」という言葉すらあった。

わたしは勉強するために大学に行ったのに、まわりで本当に勉強したがっている人は皆無。大学生が夢見るのは、オシャレな校舎でイケてる友人と過ごす憧れのキャンパスライフであり、就活までの自由な時期を謳歌するのに忙しくて、勉強する暇なんてない。だからわたしは、「ヨーロッパのように大学でちゃんと勉強した学生を評価するべき」という考えに、ある程度賛成だ。

だが、それと「卒業をむずかしくするべきか」という議論は、また別の話である。成績よりも出身大学を重視する日本社会で、卒業をむずかしくすることは本当に意味があるのだろうか、ちゃんと考えるべきだ。

必死で勉強して大学に合格し、学費を払うために奨学金を借り、在学中から就活や公務員試験対策をしなくてはいけない状況で、単に卒業要件を厳しくするのは、ちょっと無責任じゃないだろうか。

卒業がむずかしいとはどういうことか

わたしはドイツの大学に正規入学したのだが、卒業を諦めて中退している。そんなわたしが、卒業がむずかしいとはどういうことかについて力説したい。

ドイツの大学では、バイトもせずにちゃんと毎回講義に出て毎日勉強をしても、ふつうにテストで落ちる。三回同じ必修授業を落とせば除籍処分になり、二度と同じ学部に入学できない、という厳しいルールもある。

テスト問題は記述問題が多くて本当に理解できていないと点はとれないし、範囲が広すぎて一夜漬けなんかじゃどうにもならない。日本の卒論レベルの量が求められるレポートを学期末に三つ書き上げなきゃいけない、なんてこともあった。出典はいくつかピックアップして精査されるし、体裁がちゃんとしていても、レポートの内容が悪ければ落第するのだ。

文章を書くことが得意だと自負していたわたしが必死に書いたレポートを自慢げにパートナーに見せたところ、「日本の大学を卒業してるのになんでレポートの書き方も知らないんだ。こんなんじゃ単位もらえるわけがない」と一刀両断されたことがあった。そのときは盛大にしょぼくれたものだが、彼のレポートを見せてもらい、自分の甘さ加減を悟った。

日露戦争について三〇分間ものプレゼン（というよりもはや講義）を課せられたり、毎週時事問題についての小レポートを提出させられたりもした。

ゼミは議論がメインで、毎回数十ページもある論文を理解した上で臨まなければ議論の土俵にすら立てない。参考文献は英語が多く、英語がたいしてできないわたしは苦戦を強いられた。

勉強しなきゃ卒業できないとは、こういうことを言うのだ。そういった背景を考慮せず、安易に「卒業をむずかしくしよう」と提案している人を見ると、「どれだけキツいか知らないくせに！」と思ってしまう。

また、卒業がむずかしいことは良いことばかりではない。大学にあまりカネがかからないこと、単位を取るのがむずかしいこと、必修を落としすぎると除籍になることなどの事情から、ドイツには学生ニートが結構いっぱいいる。

いや、ニートというほどではないかもしれない。ただ、悪い成績で卒業するよりいい成績で卒業した方が就職で有利になるから、「いつか卒業できればいいか」とダラダラと在籍し、キャンパスライフを謳歌している学生が一定数いるのだ。

とはいえ、わたし自身は過酷だとは感じつつも、「勉強している」「知識が身についている」という実感があったから、苦痛ではなかった。

だがいかんせん、なかなか単位が取れない。ドイツでは日本とちがい、講義とテスト、レポートはそれぞれ別に申し込むようになっている。今期「経済学概論」の講義を取っていたとしても、テストに受かる見込みがなかったりいくつもテストが重なっていたら、テストは来期に申し込むことができるのだ。

そのため、ドイツの学生はとりあえず講義だけ取っておいて、テストやレポートは後回しにして卒業を延ばすことが多い。二〇一四年に規定の修業期間（多くの場合六学期・三年）で卒業した学部生は、約四割にすぎない。

わたしは外国人だから、ドイツ語が母語の学生よりももっと勉強時間が必要だった。しかも主専攻と副専攻の関係で、四〜六週間のフルタイムインターンシップが三つも義務付けられていたから、三年で卒業なんてドイツ人でも無理な状況だった。

最初はそれでも「がんばればどうにかなる」と思っていたけれど、実際に単位取得のむずかしさに直面すると、不安がこみ上げてきた。「もし五年かけて学士号を取得したとしても、そのときは二八歳。日本でも学士号を取っているのに、もう一度大学に通う必要はあるのか」と思うようになったのだ。ドイツでは二八歳の学生もめずらしくないが、経済的不安もあったし、目標も目的もないなかで努力するモチベーションが保てず、わたしは中退を決意した。

卒業がむずかしいというのは、本当に大変なことだ。だからドイツでは学生が勉強に集中できるように国がカネを出すし、優秀な成績で卒業した学生を社会は優遇する。大卒が優遇されるのは、「学位」という、多くの困難を乗り越え知識を身につけた証があるからなのだ。

一方でドイツには、きちんと制度化された職業教育がある。勉強ができる人だけが進学して大学で勉強し、そうでない人は職業教育を受けて働いてくれればいい、と棲み分けられている。現実的に大卒の方が生涯年収が高いのは事実だが、それでも継続的に職業教育を受けてキャリアアップしていけば、そこまで不利にはならない。だから卒業できそうにない学生はあっさりと大学を去って職業教育に切り替える。一度大学を辞めても、働きながら学位を取ったり、三〇代になってふたたび大学に入学することも可能だ。

そういう受け皿があるからこそ、勉強できる人だけを伸ばし、それ以外の人はそもそも大学へ入れず、入れたとしても卒業をさせない、という状況が成り立つ。そういうふうにして、ドイツの大学教育はまわっているのだ。

では、もし日本の大学がドイツ並みに卒業しづらくなったらどうなるか。学費が高いから、卒業できる見込みがなければ中退する人が続出する。中退者は高卒者としてでも大卒者としてでもなく、中途半端な身分で就職するくらいしか道がなくなってしまう。もし貸与型の奨学金を利用していた場合、かなり厳しい現実が待っている。そんな状況で卒業をむずかしくしていいものだろうか。

「学生の本文は学業だ」と言って卒業をむずかしくすれば、「これで若者は勉強する」とお偉いサンはさぞご満悦だろう。だが本気で学生に学業に集中してもらいたいのなら、もっと抜本的な改革をしてからの話だ。

成績への信頼度

ドイツの教育は決して平等ではないが、それでも日本より優れていると思うところがある。それが、学校教育への信頼度だ。

小学四年生でふるいわけをするドイツの制度は、たしかに過酷ではある。国内でも長く批判されていたから、最近では新しいタイプの学校も増えてきた。

だが、たとえばギムナジウムに入ったら、全国どこでもある程度の授業の質は保証される。授業についていけない子どもは留年、もしくは実科学校に編入させて授業の質は落とさない。ギムナジウムの卒業試験であるアビトゥーアの成績は、どこのギムナジウム出身でも同じだけの価値を持つ。

大学に関しても、偏差値という考えがないから、大学に入りさえすればあとは平等だ。フランクフルト大学の経済学の二・〇の成績と、デュッセルドルフ大学の経済学の二・〇の成績は、基本的に同じ価値をもつ。それが成り立つのは、学校教育が制度としてしっかり機能していることと、成績が社会的に信頼されているからにほかならない。成績の共通性があるからこそ、アビトゥーアで入学許可の是非を決めたり、卒業をむずかしくすることができる。

だがそこに、日本の偏差値という概念が絡んできてしまうと、そうはいかない。偏差値四〇の高校のオール五と、偏差値六〇の高校のオール三の価値は、簡単には比べられないからだ。

日本では学校の成績が「学問をどれだけ修めたか」の全国共通指標にならないから、全国統一の入試が必要になる。大学のレベルに大きな差があるから出身校重視になる。そうすると、学校の成績があまり意味をなさず、結果的に受験戦争につながる。

「大学入試で競争させるのは良くない」という人がいるが、それなら信頼できる学校成績を用意すればいいだけの話なのだ。

偏差値アップは塾の仕事

そもそも日本の教育は、できない子に優しすぎるとは思わないだろうか。不登校でも小・中学校は自動的に卒業できるし、高校は義務教育ではないにもかかわらず、宿題をせずテストが赤点ばかりのクラスメイトも進級できていた。

大学だって、留年しそうな先輩が教授に泣きついて補助レポートという名の走り書きで単位をもらったり、救済処置として教授がテストに「この講義の感想を書け」なんて問題を設けていたりした。

日本の学校は「できない子」に合わせ、教師は落ちこぼれが出ないように腐心する。その結果、最低限の教養は学校で、偏差値アップは塾で、という棲み分けになってしまったのかもしれない。

社会的に認められるのは出身校の偏差値なのに、偏差値アップの場は民間の塾。このねじれが、「親の経済力が子どもの学歴に影響する」という状況につながるわけだ。

ドイツでは学校成績への信頼度が高いから、子どもたちは学校の勉強をしていればちゃんと社会で評価される。できない子に合わせることもないので、稀ではあるが小学生でも留年する。カネを出して塾に行く子は基本的に、学校の授業についていけない落ちこぼれの生徒という認識だ。

「親の経済力と学歴が比例するのは良くない」というのなら、ドイツのように国公立の学校教育を中心にすればいい。だがそうすると、できない子に合わせたら全員の学力が下がるため、できる子に合わせた教育になる。不登校やサボリは原則認めないし、授業についていけなければ転校・留年させる。

一方、いままで通り学校はあくまで全員ゴールを目指すのなら、プラスアルファの学力を求める生徒は塾が必要になり、親の経済力が関係してくる。さて、あなたはどちらがいいと思うだろうか。

わたしは、「学校の成績を信頼する」「学校についてこれない子は留年・転校させる」ドイツ式の方がいいと思っている。勉強が苦手、できない、したくない人に、みんなが合わせる必要を感じないからだ。勉強ができないなら塾に頼ればいいし、勉強をしたくないのなら進学しなければいい。

冷徹に聞こえるかもしれないが、勉強が嫌いな子のペースに合わせて優等生が不利益を被るのもおかしな話だし、勉強が苦手なら留年や転校をして自分のレベルに合った教育を受けたほうが、本人のためにもなるだろう。

スポーツと同じで、勉強にも好き嫌い、向き不向きがあるのだから、適性がなければちがう道を歩んだほうがいい（問題は日本にその「ちがう道」が少ないことだが）。

でも日本は、「公的教育をしっかりしよう」よりも、むしろ「テストだけで序列を決める偏差値主義はナンセンスだ」という方針に舵を切ってしまった。大学入試ではＡＯ入試なんかが導入されたし、ゆとり教育が実施された。わたしはゆとり世代のひとりではあるが、この転換はまったくもって謎である。

詰め込み教育からの脱却、心豊かな人間の育成を目的としたゆとり教育を導入したくせに、「子どもたちの学力が落ちた」とゆとり教育を中止。結局のところ、日本社会は「勉強はしてないけどのびのび育ちました」という人を認めなかったのだ。

なんだかんだ言っても学力を重視するのなら、できない子に合わせるよりできる子に合わせればいいのに、と思う。

優等生の肩身が狭い日本

できない子に合わせる教育だからか、なぜか日本では優等生が肩身の狭い思いをすることが多い。

わたしは小さいころから本が好きで、漢字字典が大のお気に入りという変な子どもだった。博物館にもよく足を運んでいたし、夏休みの宿題は七月中に終わらせていたタイプだ。だから、大人からは「マジメだね」と言われることが多かった。でも友だちの前で「マジメ」と言われるのがとても嫌だったことを覚えている。マジメ＝ガリ勉でかっこ悪いという認識があったのだ。

なぜマジメ＝恥ずかしいと思っていたのかというと、日本では優等生タイプを妙に貶めたがる傾向があるからだと思う。

たとえば、最近東大生が出演するテレビ番組が増えている。そこでは、「東大生なのにかわいい」だとか「東大生なのにオシャレ」というような、「東大生はブスでダサいガリ勉ばかり」という前提に基づいた偏見あふれるコメントが平気で放送される。

一方で、おバカキャラの芸能人がしょっちゅうテレビを賑わせている。最低限の敬語も使えず、義務教育で習うような内容すら頭に入っていないのに、それが「気取っていない」とウケるのだ。これがわたしには、不思議でしょうがない。教育を受けさせる義務がある日本で掛け算ができない人がいるのなら、家庭環境や学校のサポートが厳しく追及されるべき案件じゃないだろうか。それなのに、なにをのんきに笑いのネタにしているのだろう。

ただ、こういう傾向は今に始まったことではない。たとえば、アニメで瀕死の敵が助けを求めているシーンがあるとしよう。だれかが「罠かもしれないから様子を見よう」と言う。それに対し「それじゃ間に合わない」と助けるキャラがいる。

前者の発言はだいたい優等生のリーダータイプで、後者はヤンキータイプと相場が決まっている。なんだかよくわからないが、人としての思いやりがあるキャラというのは、優等生ではなくヤンキーキャラが多い。

小説やアニメの世界では、優等生＝他人を注意する面倒な性格、知識をひけらかす鼻持ちならないインテリ野郎、といったキャラ設定がされる。そういった鼻持ちならない優等生の鼻を明かすのは決まって劣等生で、最終的に落ちこぼれがのし上っていくストーリーが好まれる。それ自体が悪いわけではないが、ちょっと劣等生びいきがすぎるんじゃないだろうか（『DEATH NOTE』のように、頭がよすぎて選民思想に浸り、狂気に走るパターンもある)。

ほかにも、「大学名で人を判断しません」ということを売りにしている企業がある。スポーツで優秀な成績を修めたことがアピールポイントとなるように、偏差値が高いことだってその人の魅力のひとつであるはずなのに、なぜか評価をしない。まったくもって謎である。

そういえば以前、上智大学と慶応大学出身の女性が、「合コンでは出身校をできるだけ言わない」と言っていたことがあった。なんでも、「高学歴女性はプライドが高い」「高飛車でかわいげがない」といったイメージを持たれ、同等以上の学歴を持たない男性から敬遠されるからだそうだ。ちなみに二人とも、ユーモアがあって礼儀正しい魅力的な女性である。

勉強ができる人を不当に評価しない風潮には、どうしても違和感がある。学歴だけがすべてではないにせよ、ギターがうまい、オセロが強い、足が速いといった強みとおなじように、勉強ができる、博識であるということだって十分評価されるべきだろう。

どこでふるい分けるか

長くなったが、そろそろまとめに入ろう。「ヨーロッパでは大学の学費がかからず、受験戦争もなく、卒業がむずかしいから学生は勉強する」というのは、ドイツに関していえば、半分正解で半分まちがっている。

授業料がたいしてかからないのは多額の税金を投入しているからで、それは「大学に入る時点である程度エリートである」という前提の上での投資だ。受験戦争はないが、大学入学資格を持っている人がそもそも少ないし、アビトゥーアでの足切りもある。勉強しない学生ニートもいるし、卒業できずに大学を去る人だって少なくない。結局のところ、どこでどうふるい分けられるかのちがいでしかないのだ。

日本も下位の高校は全部商業、工業高校のように職業教育を前提とした高校にして、上位の高校に進んだ者だけが大学入学資格を手にし、下位の大学は潰して上位の大学にだけたんまりと公費を費やし、優秀な学生に思う存分勉強してもらう……という方式に切り替えるなら、優秀な学生は心置きなく進学できるようになる。極論のように思われるかもしれないが、ドイツの制度をあえて日本にあてはめれば、こういうことなのだ。

優秀だが経済的理由などで進学できない学生には、手を差し伸べるべきだろう。だがそれはあくまで優秀な人材への投資であって、勉強をしない、得意ではない人にまで均等な教育の機会が必要かといわれれば、わたしはそうは思わない（義務教育は必須だが）。

いままで勉強してこなかったうえこれからも勉強する気がない人に投資するより、これまで勉強してきてこれからも勉強したい人を支援したほうが、メリットが大きい。

政治家も評論家も「教育の機会均等」を口にしているが、学校の成績が軽視されているだとか、勉強した内容より出身校を重視する社会だとか、そういったものが根本的に変わっていかないと意味がないんじゃないだろうか。

労働力不足が指摘されていることを踏まえても、「みんなが進学できる社会」ではなく、「大学に行く目的と能力がある人は進学許可して支援し、そのほかの人が選べる選択肢（職業教育など）をつくっていこう」という方が合理的だと思う。

7　義父を「パパ」と呼ぶドイツ人がいない理由

同棲は簡単だけど離婚は大変

この本を執筆中、わたしは二五歳から二六歳になった。Ｆａｃｅｂｏｏｋを久しぶりに見てみると、どうやら友人たちは結婚ラッシュを迎えているらしい。二〇代も半ばになり、いよいよ結婚を現実的に考える年齢になったのか……と思うと、なんだか感慨深い。

わたしは特に結婚願望が強いわけではないのだが、それでもなんとなく、自分はいつか結婚するものだと思っていた。友人たちも同じで、長く交際している恋人がいれば必然的に結婚の話が出るし、恋人がいない人は「付き合うなら結婚を視野に入れられる人」と言う。若者の未婚化が騒がれているが、それでも多くの若者は「いつか結婚するんだろうな」と思っているのだ。

ところがドイツで生活してみて、わたしの結婚や家族に対する固定概念はことごとく崩れ去った。

まずは、ドイツカップルのあれこれについてご紹介しよう。

わたしは二〇一三年、留学中に知り合ったドイツ人男性と付き合い始めた。一年間の国際遠距離恋愛を乗り越え、二〇一四年の九月から同棲している。

契約社会と言われるドイツだが、実は日本のように「付き合ってください」という告白はしない。ふたりで何度か会うようになり、手を繋いで、キスをして、互いの家へ行って……という過程を経て、気づいたら恋人状態になるのが一般的だ。そのため、片方だけが恋人だと思い込むかわいそうなハプニングも起こる。

そうなると男女の友情は成立しないように思えるが、友人は友人としてふたりで会ったりふたりで飲みに行ったりと、問題なく成立する。そのあたりの線引きは謎だ。

ドイツでは家族行事や誕生日パーティーなどにカップル単位で参加するので、恋人ができたら必然的にみんなに紹介することになる。わたしは付き合って二週間後に彼の両親と会ったし、彼の大学の友人との飲み会や卓球クラブの試合などにも毎回誘われる。

親に紹介なんて重過ぎるし、彼の友人との飲み会に行っても正直なにを話せばいいのかわからないし……と思っていたのだが、そこで断ると彼の立場が悪くなってしまう。いい恋人でいたいのであれば、ちゃんと社交的に振舞って彼の家族や友人と仲良くしなくてはならない。それがドイツのマナーである。

一方、日本では交際をあまりオープンにしない人が多い。内輪の飲み会に無関係の恋人を呼ぶ人はあまりいないし、恋人を親に紹介するとなると一大イベントになる。恋人という存在は、プライベートというベールで覆ってなかなか見せない。

また、日本では婚前同棲のハードルが高く、イメージもあまり良くない。わたしが「彼と同棲してもう四年になる」と言うと、日本人は決まって「結婚しないの？」と聞いてくるし、場合によっては、「それで別れたら最悪だよ」「ちゃんと責任とってもらいなよ」なんて言われる。

そういったことを聞くたびに、籍を入れずに同棲するカップルや籍を入れても別居するカップルもいるのだから、あまり価値観を押し付けないでほしいなぁ、なんて思ってしまう。

ドイツでは、どのようなかたちのパートナーシップであるかは誰も気にしないし、法的に結婚という手続きをしたかなんてみんな興味がない。好きあって一緒にいるのならそれでいい、という認識だ。

ただしドイツの場合、いったん結婚すると、日本のように紙切れ一枚で離婚できるわけではない。協議離婚ではなく弁護士を立てた上での離婚になるからとても大変で、それが理由で籍を入れないカップルも多いくらいだ。長く同棲してから入籍するカップルや、子どもが生まれてから籍を入れるカップルもいる。

いままでは「恋愛のゴールは結婚であり、なんやかんやみんなするもの」だと思っていたわたしだが、ドイツに来て、パートナーシップなんてもっと自由でオープンでいいものなのだと気づかされた。

結婚のビジネス化

日本の結婚にはとにかくカネがかかる。「結婚総合意識調査2017（リクルートブライダル総研調べ）」によれば、披露宴・披露パーティーをしたのは五割以上。「ゼクシィ　結婚トレンド調査2017」では、挙式、披露宴・披露パーティーの総額は三五四・八万円となっている。場合によっては、この金額は世帯年収の半分以上になるだろう。

カネの問題は切実だ。厚生労働白書（二〇一三年版）によれば、「一年以内に結婚することとなった場合、何か障害になることはあるか」という質問に対し、回答者の約七割が「障害がある」と答えている。そしてそのうち四割が、「結婚資金」を理由に挙げているのだ。結婚のための住居や親の承諾などの理由を抜いて、ダントツのトップである。

ではなぜ、日本では結婚式や披露宴に多大なカネを使うのだろう。それは、結婚が社会的な通過儀礼に位置づけられているからだと思う。

日本では、結婚は家と家の繋がりを意味する。結婚は新しい「イエ」を作る儀式であり、男性は家長として一人前と認められ、女性は男性の家に嫁ぐこととなる。だから新郎新婦は、親族や会社の上司たちの前で、「わたしたちは新たな家族を築きます」という決意表明をするのだ。そういった背景があるからか、日本の結婚式や披露宴は、とても形式ばっている。

それが悪いわけではないが、「結婚式のために貯金しないと」と言って新生活にかかる出費を抑えたり、職場のしがらみのせいで誰を招待するか頭を悩ませたりするのは、本末転倒ではないだろうか。

ドイツの結婚式

では、ドイツではどうか。西洋の結婚式というと、新郎新婦が教会から出てきて花吹雪のなかを歩いたり、屋外でシャンパンを持って立食パーティーをしているシーンなんかが思い浮かぶだろう。

ドイツでは「結婚はプライベートなもの」という認識なので、日本のような結婚ビジネスはあまり発展していない（というより、ドイツ人がたった一日のセレモニーのために三〜四〇〇万円も使うことが想像しづらい）。

ドイツの結婚式は主に、チャペルでの挙式、戸籍役場という役所内での小さなセレモニーに分けられる。

わたしが以前参列した結婚式は、戸籍役場でのものだった。あくまでひとつのサンプルでしかないが、わたしが参列したパートナーのお兄さんの結婚式、パーティーの様子をお伝えしよう。

わたしは成人式で着たレッドワイン色のパーティードレスと黒のベロアカーディガンを着て、彼と彼の母親、母親の夫の四人で戸籍役場へと向かった。役場の前ではすでに正装した新郎新婦がいて、満面の笑みで出迎えてくれた。

ちなみにドイツでは、ウェディングドレスといっても、ディズニーのプリンセスのようなフリフリなものを選ぶ人はあまり多くない印象だ。参列者も、女性はちょっとオシャレなワンピース、男性はシャツにジャケットに（蝶）ネクタイというスタイルが多い。「結婚式に行くなら美容院を予約しないと！」と意気込んでいたわたしを冷静に諭してくれた彼の母親に感謝である。日本の結婚式のノリで身支度していたら、完全に浮いていただろう。

時間になり、新郎新婦とともに親族は役所の一室に通された。そこで役所の人によるかんたんな挨拶があり、新郎新婦は立会人である友人に見守られながら婚姻届に名前を記入し、晴れて夫婦となった。所要時間は一五分くらいで、終わったあとはみんなで外に出てメッセージカードをつけた風船を飛ばした。

ドイツには「式場」なるものがないので、その後は戸籍役場か教会の近くにあるレストランに移動することになる。兄夫婦はとあるレストランを借りきっていたので、参列者同士で車に乗りあわせてレストランへ向かった。

あなたがドイツに来ると、レストランで華やかな一団を見かけることがあるかもしれない。そういうときはだいたい、結婚式後だ。

レストランの席には名札がなかったので適当に座り、新郎の乾杯の合図で食事がはじまった。料理はビュッフェ形式で、飲み物は注文式。

ひとしきり盛り上がると、突然レストランに大音量の音楽が鳴り響いた。そして新郎新婦がおもむろに立ち上がり、中央で踊りはじめる。音楽が終わると参列者も立ち上がり、ディスコのように踊りはじめた。映画『マンマ・ミーア!』の雰囲気を思い浮かべていただくとわかりやすいかもしれない（新郎はこのときのためにダンス教室に通ったらしい）。

そして帰りは、なんと流れ解散。新郎新婦とハグをして、彼と彼の母、母の夫とタクシーに乗って帰宅した。新郎の母と義父なのにいいのだろうか、と思ったものの、「もう十分楽しんだから」とのこと。なんとも雑でアットホームなパーティーだった。

これはあくまでひとつのケースにすぎないが、日本の結婚式場でバイトしてさまざまな結婚式を見てきたわたしとしては、カジュアルでみんな楽しそうにしているこんなセレモニーも素敵だと思う。

日本もドイツを参考にして、国や自治体が戸籍役場のような場所を用意できないものだろうか。半年くらい前に予約して、新郎新婦は基本的にヘアメイクとドレス、タキシードを用意するだけでいい。それくらいなら、三〇万円もあればできるんじゃないだろうか。

そういう場所があれば、新郎新婦は安く形式的なセレモニーを済ませられるし、その後レストランで小さなお祝いをするだけなら、わざわざ義理立てのために上司や同僚を呼ばなくて済む。

最近は海外挙式や格安結婚サービスが登場してはいるものの、少子化につながる未婚化は国の問題だ。それなのに、結婚ビジネスを民間に任せきりなのはいかがなものだろう。そういったことを差し置いて、経済的な問題で結婚できない若者にダメ出しするのはなんだか納得がいかない。それなら、公的機関で結婚式ができるようにして、結婚にかかるカネを少しでも減らせるようにすればいいではないか。

ちなみに兄夫婦に費用を聞いてみたところ、挙式とパーティーを合わせて五〇〇〇ユーロ（六五万円）程度だったとのことだ。

離婚後の関係性の違い

結婚式のあとに書くのはなんだか不吉な感じがするけれど、離婚についても書いておきたい。日本はいまや、三組に一組が離婚するという離婚社会だ。実際、一九七〇年の離婚件数は一〇万組以下だったが、一九九九年以降は二〇万組を越している。離婚率を考えると離婚は珍しいことではないが、それでも「親が離婚してて」と言われたら「あっごめん」という反応になるだろう。いまだに「片親だと問題がある」という偏見を持っている人もいる。

ドイツは、日本よりもう少し離婚率が高い。四割から五割程度だから、二組に一組は離婚する計算になる。夫婦関係がずっと続いている両親を持つ友人は、まわりにもあまりいない。

だが離婚後の家族の関係は、日本とドイツでは大きくちがう。

日本では「家」という枠は絶対的なものであり、離婚したらその「家」は解体される。そして再婚したら再び新しく「家」がつくられる。子連れの女性が再婚したら、男性は新しい「父親」の役目を果たすことを期待されるし、子どもも義父を父親として受け入れるべき、という考えになる。

だがドイツでは、「家族」という概念自体が、日本とはちがうようだ。

たとえば、子連れの女性が再婚し、前夫との子どもと新しい夫の三人で暮らすことになったとする。子どもは母親のことは「ママ」と呼ぶが、再婚相手のことはファーストネームで呼ぶのだ。「パパ」はあくまで、血の繫がった父親にだけ使う。

わたしのパートナーは三人兄弟の末っ子で、両親は離婚している。彼のすぐ上の次兄にはふたりの子どもがいて、それぞれ母親がちがう。

次兄の最初の妻を、仮りにマリーとしよう。次兄とマリーは離婚し、子どもはマリーと住むことになった。そしてマリーは、アレックス（仮名）と再婚。わたしが子ども（甥っ子）に出会ったのは彼が五歳のときだったが、そのとき新しいパパを「アレックス」と呼び捨てにしていてびっくりしたものだ。

日本の家族はうらやましい？

日本の家族は戸籍によって定義づけられるので、ドイツよりも融通が利かない強固な枠組みになっている。わたしはそれを時代遅れで古臭いと思っていたのだが、ドイツ人の友人に「日本の家族は stabil でうらやましい」と言われたことで、ちょっと考えを改めた。stabilとは、安定した、丈夫な、といった意味だ。

友人は、「ドイツの家族は精神的なつながりに依存するから、好きじゃなくなれば夫婦は離婚してしまう。日本は家という枠にさえ入っていれば家族がバラバラになることが少ないから、うらやましい」と思っていたのだ。なるほど、ドイツ的な柔軟な家族は不安定でもある。そう考えると、日本の形式ばった家族観というのも、悪いものではないのかもしれない。

もっとも、そういった家族観のせいで選択肢が狭められている人がいるのも事実だ。日本の価値観では、事実婚カップルや婚外子、養子、親元で生活できない子どもなど、国が主として想定している家族とはちがう環境にある人たちが、見逃されやすい。

二〇〇八年、日本では婚外子はたった二％ほどだった。ちなみにドイツは三二・一％、オランダは四一・二％、フランスは五二・六％、スウェーデンは五四・七％、アメリカは四〇・六％である。

厚生労働省によると、日本の里親等委託率もわずか一八・三％で、要保護児童の大多数が児童養護施設で暮らしているということが明らかにされた。各国で里親の概念は異なるものの、要保護児童が里親のもとで暮らしている割合は、イギリスは七一・七％、アメリカは七七％、フランスは五四・九％、ドイツは五〇・四％となっている。

また、日本は親権停止措置が少ない国でもある。「子どもは親と一緒にいた方がいい」「なんだかんだ言っても血のつながった親子」「家の問題」と、行政が介入しづらい価値観があるのも一因だろう。

法的に結婚した男女が子どもを授かり大切に育て、いずれ自立して新たな家族を築く。そういった家族のかたちはたしかに魅力的だと思う。だが、だからといってそうではない人たちの立場が悪くなったり、社会的に認められづらかったりするのは、残念なことだ。

権利や義務を定義しなくてはいけない都合上、ある程度、家族やパートナーシップのかたちを決めなくてはいけないのは仕方がない。だが、さまざまなパートナーシップや家族のあり方も考慮に入れた制度づくりをしていく努力も必要だ。最近夫婦別姓が話題になっているが、夫婦別姓は義務付けるのではなく選択肢を増やすだけなのだから、早く認めたらいいのに、と思う。

恋人と結婚するか否か、子どもを産むか否か、どういう家族関係を築くか……。それは完全にプライベートなことなので、社会的にも制度的にももう少し融通が利いて、選択の幅が広がったほうが、いまの時代にふさわしいのではないだろうか。

カオスな家族団らん

私の彼に関しては、実はこんなこともあった。

家族が集まる一大イベントであるクリスマスの日、わたしと彼は、彼の実家を訪れていた。そこに、次兄の元妻マリーと現夫アレックスが甥っ子（次兄とマリーの子）、マリーとアレックスの間の子どもの四人で訪ねて来た。マリーからすれば元旦那の実家、アレックスにとっては妻の元旦那の実家に遊びに来たのである。しかもその日、彼の父と父の現在の妻もやってきた。

その場にいた人をまとめると、こうなる。

わたしとわたしの彼、彼の母、母の現夫、彼の父、父の現妻、長兄、長兄嫁、次兄の元妻、次兄元妻の現夫、次兄と元妻の間の子、次兄元妻と現夫との子である。

なかなかカオスな状況ではあるが、なごやかな家族団らんのひと時だった。

この例はさすがに一般的とはいえないかもしれないが、ドイツでは親子という縦のつながりと、夫婦や恋人という横のつながりは分けて考えられる。離婚して夫婦関係が解消されても親子関係はそれぞれ続くし、親族の新しい恋人を受け入れるのは、ドイツでは普通のことだ。

どこまでを「家族」と定義するかは、個人の判断に任される。日本人がイメージする「家族」だけではなく、こういう家族のかたちだって、同じだけ素敵だ。

8 「座りたいから席を譲って」と言えますか

席を譲ってください

先日帰国した時のこと。京急線の車内で、こんなことがあった。

マタニティマークを付けた女性が優先席の前に立ち、そわそわとまわりを見回しはじめたのだ。それに気づいているのかいないのかはわからないが、優先席に座っている人はだれも彼女に席を譲ることなく、目を瞑っていたりスマホを見たりしていた。彼女は電車が駅で停車するたびに空いている席を探しているようだったが、下車するまでの約三〇分間、結局席に座れることはなかった。

もしあなたが体調不良などで席に座りたいとしても、よっぽど非常事態でなければ、同じ行動を取るんじゃないだろうか。席を譲ってくれないかな、と思いつつ、それとなくアピールする。こっちからねだるのではなく、あくまで察してくれるのを待つのだ。わたしだって、同じ状況なら同じようにするだろう。

以前まではそれが当然だと思っていたのだが、今ではこの行動に、違和感を持つようになった。

ドイツには、マタニティマークやヘルプマークなどはない。座りたければ「こういう理由があって座りたいので席を譲ってくれませんか」と口に出す。それを聞いて、「はいどうぞ」と誰かが譲る。それで終わりだ（ヘルプマークとは、人工関節を使っている人や、外見ではわからないが内部障害などがあり配慮を必要としている人が使うマークである）。

なぜ日本人は、たった一言で済むことも口に出さないのだろうか。このへんのことを考えると、よく議論のテーマになる、日本の「空気を読む文化」と関係があるような気がする。

空気を読む文化

わたしは、「空気を読む」という行為、考え方が好きではない（「お前に協調性がないだけでは」と言われるとグゥの音も出ないので、その問題はちょっと棚上げさせてください)。

空気を読むためには、相手が考えていることを察する能力が必要だ。だがそんなものは、テレパシーができる人か、メンタリストと呼ばれる部類の人の専売特許だと思っている。「どうせ他人が考えていることなんてわからないんだから、ちゃんと口に出して意思疎通したほうが確実だ」なんて思ってしまうのだ。

日本では、わたしみたいなタイプは少数派だろう。意見を主張するとトラブルメーカーだと思われかねないし、黙ってうなずいていればだいたいのことがうまくいくのだから。

それでもわたしは、なんでみんながそんなに空気を重視するのかがわからず、ずっとモヤモヤしていた。だがドイツに来てから、ひとつの理由に思い当たった。日本人は、言葉を信用していないのだ。

日本人は、口に出された言葉や明記された文章より、言外・行間に含まれた「空気」を大事にする。言語化するより、言葉にされない部分に美しさを感じるのだ。

たとえば、「イタリアンレストランに行かない?」と聞いて、相手が「うーん、まぁいいけど……」と浮かない顔をしたら、すかさず「じゃあ和食にする？」と提案する。口ではいいと言っていても、本心では嫌がっていることを察するのだ。言われた側は、「口に出さずにわかってくれるなんて気が利く」と思い、お互い気持ちよく和食を食べることに同意する。

ちなみにドイツでは、相手が明らかに気が進まない顔をしていても、「いいよ」と言ったら「じゃあそうしよう」となる（日本人は意思表示をしないことで有名なので、「本当にいいの？　イヤなら言っていいんだからね！　ドイツではイヤならそう言わないと伝わらないからね！」とこちらの友人に一〇〇回くらい言われた）。

「イヤよイヤよも好きのうち」という言い回しや、「口だけならなんとでも言える、態度で示してみろ」というセリフも、日本人が言葉を信用していないからのように思える。背中で語る父親なんかもその部類かもしれない。

例として、萌え属性でも特に人気な「ツンデレ」も挙げられそうだ。ツンツンしたそっけなさとデレデレした甘えん坊というギャップが魅力的で、ツンデレはアニメやマンガの王道キャラである。天邪鬼、といった方がわかりやすいかもしれない。

ツンデレキャラの典型的な言動としては、意中の人と会えてうれしいのに「別にあなたなんか呼んでないわ」とそっけない態度をとってしまったり、労力や手間をかけてわざわざ手助けしてあげるくせに、照れ隠しで「仕方ないから助けてあげるだけよ」と言ったりする。逆に、ふだんは冷たいのに相手が困っているとすぐに助けたりするタイプもいる（『らんま1／2』の乱馬とあかねのツンデレカップルは最高です）。

態度を重視する日本だから、そんな様子が「不器用でいじらしくてかわいいなぁ」という発想になるんじゃないだろうか。もちろんツンデレが好きな外国人も存在するものの、日本ほどではない気がする。

相手の心情を察する、という点では、和歌もいい例だ。和歌では、決められた文字数のなかで自分の思いを伝えようとする。だがすべてを言い表すことはできない。だからこそ聞き手の想像の幅が広がり、味わい深くなる。

心情を察してもらうことが大事だから、「好きだから会いたい」の一言で済むことも、わざわざ限られた文字数を使って月や季節の移り変わりに例えたりする。

そういえば以前、日本語を専攻しているドイツの大学院生の授業を受けたことがあった。みんなで紀貫之の『土佐日記』を読み進めたのだが、和歌の翻訳には苦労した。

たとえば、作中に「都いで、君に逢はむとこしものをこしかひもなく別れぬるかな」

という和歌がある。ざっくりと訳せば、「あなたに会うために都からせっかく土佐に来たのに、その甲斐もなくもうあなたとお別れなんですね」といった意味になる。

そう聞けば、日本人なら「別れが名残惜しい気持ちを詠んだ」と想像するだろう。わたしは古典に詳しいわけではないが、別れの切なさや最後の時間をしみじみと嚙み締めているんだろうな、という情景を思い浮かべることくらいはできる。だがそれをドイツ語に訳すとなると、どうやってもそのニュアンスが伝わらない。

ドイツ語に直訳すると、ドイツ人にとっては「で?」で済むような内容だ。むしろ、「せっかく来てやったのに」と愚痴っているように理解されかねない。だから「あなたに会うために都から遠い土佐まで来たが、もう別れなければいけなくて大変残念である」と訳すことになった。

だがわたしは、「残念である」と書いてしまっては意味がないのでは、と思った。名残惜しいことを伝える和歌で、「残念だ」と書いてしまってはダメなのだ。そこは察してもらうべきポイントのはずである。「残念である」ということを直接言葉にするのではなく、それとなく伝えるからこそ美しいのだ。……と主張したものの、クラスメイトには「残念だ、と書かなければ相手には伝わらないだろう?」と言われてしまった。

名残惜しさを伝えるのであれば、たしかに「残念だ」と書くのが手っ取り早い。だがなにかちがう気がしてならなかった。わたしにとってそれは、文字によって表すものではなく、文字が含む「空気」によって伝えるべきことなのだ。

ではそれを、どうやったらドイツ語で表現できるのか。どういう訳をすれば、日本語の言葉にしない美しさを残しつつドイツ人にも察してもらうことができるのか。どうしたらこの寂寥感を伝えられるのか。

いろいろと説明を試みたものの、結局ドイツ語では「残念だ」と書かないと伝わらない、という結論になった（文法上の構造も影響しているので仕方ないことではある）。ツンデレキャラでも和歌でも、「言葉」そのものが重要なのではない。大事なのはむしろ言葉の外にあるものだ。言葉に含まれている意味以上に相手の心情を想像できるのは、日本人の繊細な感性によるものだろう。

日本人は察する力に優れているので、空気を重視し言葉自体を信用しなくなったのかもしれない。

だが繊細で感受性が豊かという日本人の美徳は、いいことばかりではない。わたしが美徳であると認めつつも「空気を読むのがキライ」と考えるのは、そのせいだ。

ちがう意見の持ち主は敵か

わたしはライターなので、ブログをはじめ、いろいろなウェブメディアに記事を書いている。読者の方からいただくコメントのなかには、賛成意見もあれば、当然、批判的な意見もある。

不思議なのは、ポジティブな意見は「共感しました」「そう思います」という内容が多いのに対し、批判コメントになると、高確率で人格否定の言葉がセットになっていることだ。

たとえばわたしは、シンプルに「ブス」と書かれたり、同棲しているパートナーと生活費をちゃんと折半しているのに「ガイジンに養われて腰掛気分でライターですか」なんて書かれたこともあった。百歩譲ってガイジンに養われてるブスが記事を書いていたとして、なにか問題でもあるのだろうか。

それはわたしだけでなく、誰のどんな記事に対しても似たような感じである。「自分はそうは思わない」で済むのに、その人の経歴や生い立ち、性別や容姿に言及する人が少なくない。だから、議論が成り立たないのだ。

なぜ日本には、意見と人格を混同し、ちがう意見を持つ人を敵視する人が多いのだろうか（こんなまとめかたをすると怒られそうだが）。

わたしはその理由を、空気を重視するあまり、「対立＝悪いこと」という認識があるからじゃないかと推察している。

日本は「和」を重視するので、対立をとにかく避ける。対立したくない、というのは、日本人の本能のようなものなのかもしれない。

日本の意思決定の雰囲気をたとえるなら、流れるプールみたいなものだ。発言力がある人、たとえば先輩や上司なんかが発する空気をみんなが察して、その人の希望が通るように、なんとなく場の雰囲気がそっちに流れていく。真っ向から「僕はちがう意見です！」と言う人は稀で、みんながごく自然に、気づいたら同じ方向に向かって流れていく。対立が生まれないように、みんながお互いの心情を察しながら（悪くいえば顔色をうかがいながら）、うまく立ち回るのだ。

そして結果的に、なんの問題もない「全員一致」に行き着く。

みんな同じ意見だから「どちらが正しいか」を決めなくて済むし、全員一致だから誰かの責任になることもないし、対立も起こらない。

だがそこに、ちがう意見が投げ込まれたらどうなるだろう。どちらが正しいかをめぐって、対立が起こってしまう。みんながせっかく作った和が乱れて、平和が壊されてしまうのだ。

だから日本では、「みんなは同じ意見である」ことを盾に、ちがう意見を持つ人に「和を乱す困った人」というレッテルを貼るんじゃないだろうか。あくまで「みんな」は同意見なんだから、その輪に入れない、入らない人に問題があるという「空気」を作るのだ。

同じ意見を持った人同士で徒党を組んで、ちがう意見を言った人に関して「なにアイツ。わがままincome?すぎ」という愚痴からはじまり、「そういえば服のセンスも悪いよね」「たしかに。髪型もダサいし」「モテなそうだよね」という人格攻撃に走る。そして、「やっぱりあの人に問題があるんだ」と納得する。ちがう意見を持つ人が「変」で「おかしい」ことにしてしまえば、自分の正当性に自信が持てる。この考え方が、人格攻撃につながるんじゃないだろうか。

ほかにも、テレビの表現規制が問題になると必ず「気に入らないならテレビを見なければいい」という人がいるし、ゲームが青少年に与える影響を考えるときも、「良くないと思ったら子どもにやらせなきゃいい」という人がいる。

「どうしていくべきかを考えよう」という話をしていても、「気に入らないなら関わるな」「批判するくらいなら無視すればいい」と、反対意見をいう人自体を追い出そうとする圧力が強い。反対意見をいう人を追っ払ったらそもそも議論にならないのだが、それでも都合の悪い意見を排除しようとする。

日本人ならだれしもが一度くらい、「まわりがそうしているんだから君も受け入れろ」と言われたり、「君が我慢してくれれば丸く収まるから」「あまり騒がずに穏便に済ませよう」とプレッシャーをかけられたことがあるんじゃないだろうか。

そんなことを言われれば、多くの人は「みんなvs.自分」の圧力に負け、自己主張を諦めてしまう。そして自己主張をする人がいなければ、全員一致で仲良しこよし……と、表向きは平和に済む。少数派を黙らせれば、多数派は楽なのだ。だから手っ取り早く、少数派を「敵」にする。

これは、日本の仲間意識が強いことに関係があるのかもしれない。制服やリクルートスーツ、強制黒髪しかり、「みんなちがう」という当たり前の前提が培われづらい環境がある。

対立を避けるという平和主義自体は、悪いことではない。だがそれは、「ちがう意見を持っている人間は敵である」と認識することと同義ではないし、理不尽を正当化する理由にもならない。相手の気持ちを察することができる豊かな感性を持っているのに、それがネガティブに作用して「察しろ」という圧力になってしまっているのは、とても残念だ。

対立したくないから他人事になる

空気を重視することの問題は、もうひとつある。それは、当事者意識を捨ててしまうことだ。

空気を読んで黙っていれば、基本的に波風は立たない。だから多くの日本人は、悪目立ちしないように自己主張をしなくなる。それでも世の中には、対立せざるをえない状況というものがある。一番わかりやすいのは、権利闘争だ。ドイツではルフトハンザがしょっちゅうストライキをしているし、不満があればデモ活動をする。

一方、日本ではデモやストライキはとても少ない。むかしは「○○闘争」といったストライキや学生運動が盛んだったらしいが、九一年生まれのわたしにとっては、もはや

「近代史」くらいの認識だ。

対立するような状況がないのなら、それはそれでいい。でも似たような先進国のドイツでこれだけ「闘争」があるのを見ると、日本だけが対立が起こらない理想郷を実現しているとは、なかなか信じがたい。ただ波風を立てたくないから、他人事として知らんぷりしている人が多いだけに思えてしまう。

たとえば、日本特有と紹介される集団イジメは、「知らんぷり」のわかりやすい例だ。ドイツでもイジメはあるが、殴ったり蹴ったり罵ったり、というわかりやすいパターンが多い。しかもイジメは個人対個人だから、ジャイアンがのび太をいじめていても、のび太と仲良くしたい人は仲良くするのがふつうだ。

一方日本では、「イジメられている子には近寄らない方がいい」といった空気ができ、イジメられている子はたいてい孤立する。最初は個人的な言い合いやケンカから生まれた小さな対立だったはずなのに、いつのまにか「みんなでその子を孤立させなきゃいけない」という空気になっていく。

イジメられている子と仲良くすると、「その人を孤立させる」という和を乱した罰として、自分が攻撃される。だからまわりの子どもたちは見てみぬふりをして、結果的にイジメに加担してしまう。

ここでも、あくまで「みんな」は仲良しでイジメられる側が「和を乱す困った人」扱いをされることもある。イジメられてる側にも問題があるという主張には、こういった心理が働いているんじゃないかと思う。

大人だってそうだ。上司の残業指示が違法だと知っていても「まぁ仕方ない」と受け入れたり、町内会の時代遅れのルールにうんざりしながら付き合っている方もいるだろう。当事者として声を上げて波風を立てるより、多数派に属してあたかも他人事のように無関心でいた方が楽だから、みんな黙るのだ。

心配りという意味での「空気を読む」は美徳だが、理不尽を受け入れるという意味での「空気を読む」は、日本の大きな問題だと思う。

議論大国ドイツ

一方、ドイツは議論大国で、みんな自己主張をする。友達とビールを飲みながら選挙の話で盛り上がるし、スタバでコーヒーを片手に難民受け入れの是非を話すし、クリスマスのプレゼント交換後、テロについて家族で議論することもある。

みんなとにかく自分の意見を口にしたがるから、言葉のキャッチボールのスピードが早い。話している人の発言にかぶせて「それはちがう」と言ったり、「その意見はまちがっている」と言うこともふつうだ。議論のなかでは、「データを出してみろ」「君の言いたいことがわからない」といった言葉も飛び出す。最初はそんな様子を見て、殴りあいの喧嘩に発展するんじゃないかとヒヤヒヤしていた。

だがドイツの人びとは、いくら対立しようとも、議論が終わるとケロッとして仲良く雑談しだす。自分の意見を伝え、相手の意見を聞くことが目的なので、そのときに「相手がどういう人か」には基本的に興味がない。だからこそ、意見と人格を切り離せるのだろう。

議論をしているというとなんだか頭が良さそうに聞こえるが、意見がすべて洗練されたものであるわけではない。根拠がない意見を自信満々に言う人もいるし、柔軟に意見を変える人は少ないし、意見の押し付け合いになることも往々にある。議論をするドイツが、議論を避けがちな日本より優れているわけではない。

ただ、自分の意見を言葉にすることで対立も生まれるが、そのぶん言葉を通じて理解しあえることが多いのは事実だ。

ドイツではこのように言葉を重視するから、法律をはじめ、契約書や規約は大きな意味を持っている。なんでもかんでも書類にしたがるし、「思ったことは言葉にして伝えなさい」と教えられる。学校でも、口頭試験が多い。

他にも言葉を重視する国はたくさんあるものの、あえてドイツに限定して「なぜ言葉を重視するのか」を考えると、三つほど理由が思い当たる。

まず、過去の経験だ。ドイツの学校では、ナチス時代の過ちを徹底的に教え込む。ヒトラーは多くの人の支持を受けて勢力を拡大し、結果として誰も反対できないほど大きなうねりを生み出してしまった。そのためドイツでは、みんな同じ意見を持つこと自体に危機感があり、多様な意見がある方が健全だ、という認識がある。「みんな同じ意見を持っていれば波風が立たない」と考える日本とは対照的だ。

次に、ドイツにはさまざまな文化背景を持った移民がいるので、「暗黙の了解」という概念が成り立たない。日本のように、「日本人ならそれくらいわかるだろう」とか、「これは常識だろう」といった主張が通じないのだ。「そんなの知らないわよ」と言われないように、ちゃんと言葉や文章にして伝え、その証拠として書類を残す。

さらに、ドイツでは意見交換自体が「カネのかからない娯楽」と理解されているフシがある。女子高生が恋バナをするのと同じようなテンションで、政治について話すのだ。ドイツには日本ほどの娯楽施設がないから、手っ取り早い娯楽として、カネがかからない議論を楽しむのかもしれない。

お節介と責任感

この原稿を書いているのはとあるカフェなのだが、自宅からここへ向かう途中、ドイツらしい光景を見かけた。満員状態のバスに、杖をついたおばあさんが乗車したのだ。そばに座っていた女性がおばあさんに「座りたいですか」と聞き、おばあさんは「座れたらうれしい」と答えた。だがその女性はベビーカーを連れて乗車していた。それを聞いたほかの男性乗客が少し大きな声で、「こっちに座りたい人がいるんだ。席を譲ってくれる人はいないか」と聞く。そして「どうぞ」とひとりが立ち上がるが、ちがう女の人が「わたしは次で降りるからこっちにどうぞ」と席を譲った。そして乗客みんながおばあさんのためにスペースを空け、おばあさんは無事座ることができた。

ドイツでは、こういったことはしょっちゅう起こる。

道端で地図を広げてウロウロしていると、たいてい話しかけられる。まわりの人も会話に聞き耳を立て、自分が力になれるのであればすぐ話に割って入ってくる。他人をジロジロ見るし、堂々と人の会話を聞く。

それに比べ、日本では席の譲り合いはあまり積極的ではないし、道行く人が困っていても、気軽に声をかける人は少ない。

ではドイツ人がとても親切で、日本人はそっけないのだろうか。いや、そんなことはない。

ドイツでは、他人の事情にすぐに首を突っ込むくせに、最終的に「わたしには関係ない」というスタンスの人が多い。さんざん口を出してきたりアドバイスしてくるくせに、一定のラインを越えると、「自己責任」と突き放すのだ。

それなら最初から口を出すなよ、と思うのだが、結局は自己責任と思ってるからこそ、無責任に首を突っ込めるのかもしれない。

日本人なら、少しでも関わったら「乗りかかった船」「ここで放り出すのは無責任」と、最後まで責任を果たそうとするだろう。だからこそ、最初から関わらないように他人事を貫いて見て見ぬ振りをすることに繋がるのだと思う。なにもいわずに遠くから見守ることが良いとされている価値観も、無関係ではない気がする。

どっちが親切、とは一概に言えないものの、日本にももう少し無責任でお節介な人が増えたら、譲り合いや助け合いがしやすい空気になるかもしれない。

コミュニケーション放棄の問題

章の冒頭で触れたマタニティマークをつけた女性だって、座りたければそう言えばよかったのだ。

わたしは甲状腺疾患のひとつであるバセドウ病を患っていて、一時は手足の震えや疲れがひどく、できるかぎり電車では座っていた。そんなとき目の前にマタニティマークをつけた女性が立って恨めしそうな視線で訴えかけてくると、非常に居心地が悪い。では自分もヘルプマークをつければいいのかというと、他人に配慮してもらいたいわけではないから、それもちがう気がする。かといって聞かれてもいないのに「自分は病気で席を譲れません」と言うのもなんだか変だ。それで結局、寝たフリをすることになる。

ＪＲ東日本研究開発センターによると、席を譲らない理由は「優先席の対象となる人なのかはっきりとはわからない」がトップで、五割を超えている。それなら本人に聞けばいいだけなのに、「譲るべきかなぁ。どうかなぁ」なんて思いつつ、譲らない。聞かれたほうも、「ご親切にありがとうございます。でも大丈夫ですよ」とやんわりと断ればいいだけなのに、なぜかややこしい話になってしまう。

日本では、公共の場で他人とのコミュニケーションを取るハードルがとても高く、そしてとても面倒くさい。

ちょうど執筆中に、優先席に関して驚愕のニュースを見つけたのでついでに紹介したい。東京メトロがＬＩＮＥを使い、席に座りたい妊婦と席を譲りたい乗客をマッチングするサービスの実証実験を行うらしい。

妊婦が東京メトロのＬＩＮＥアカウントに「座りたい」とリクエストを送ると、周囲のサポーター（実験参加者）がそのメッセージを受信し、譲りたければ自分の座席をＬＩＮＥアカウントに返信。妊婦は席を譲りたい人がいる場所へ行き、席を譲ってもらうというサービスだ。まだ実証実験の段階でしかないが、コミュニケーション放棄もここまできたか、と驚愕した。

多くの日本人は言葉を重視しない日本社会で暮らしていくだろうが、自分の気持ちをちゃんと言葉で伝えなくてはいけないときだってある。恋人には愛を囁くべきだし、親への感謝は生きてるうちに伝えるべきだし、有給休暇を取りたいなら権利を主張すべきだ。

相手が察してくれることを期待すると、相手が期待通りに動いてくれなければがっかりする。過度に空気を重視すると、自己主張ができなくなってしまう。ドイツほど自己主張する必要はないだろうが、それでももう少しいろんな意見が飛び交って、コミュニケーションが取れる環境になっていったらいいな、と思う。そうすれば意見がちがうからって人格攻撃をしたり、他人事として見て見ぬふりをする人も減るだろう。

人見知りを自称する日本人

これもまたドイツに来て思ったことだが、「人見知り」を自己申告する日本人が多いのも、「空気」に関係しているとわたしは見ている。

立場が人を作る、という言葉がある日本では、みんな自分に求められている役割をうまく演じる。高校時代の友人と一緒にいるときはリーダーキャラで頼られているのに、仕事場では末っ子キャラとして愛されている人。仕事中は鬼のような厳しさなのに、家ではアットホームパパという人。本来内気なのに、自分が最年長だとがんばって仕切る人。おしゃべりだけど、話したがりの先輩が多いから聞き役に徹する人、などなど。

これもまた空気を読んだ結果で、その集団のなかで自分はどういうポジションなのか、どういう振舞いを期待されているのかというのを察して、その通りにできるのだ。だからなのか、「男なんだから泣くな」「女ならおしとやかに」「お兄ちゃんなら我慢しなさい」「子どもらしく」「大人らしく」「親らしく」というふうに、役割に対して適切な行動を取れ、という言い回しがたくさんある。

だが相手と初対面だと、自分の役割がなかなか見出せない。話したほうがいいのか、聞いたほうがいいのか。ハイテンションでいくべきか、大人しく上品に振舞うべきか。読むべき空気がしっかりとつくられていないから、人見知りを自称して、相手の様子をうかがうんじゃないだろうか。

わたしはまったく人見知りしないので「なんでみんな人見知りを自称するんだろう」とずっと不思議だったが、それはわたしが空気を読まない、読めない人間だからなのかもしれない。

9　すぐ謝るのは「日本人の美徳」なんだろうか

『こころ』を読んでみた

日本の「空気を読む」という文化に馴染めなかったわたしだが、ドイツに来てからはいろんな場面で「いまの自分の行動、日本人っぽいな」と思うことがあった。だがなぜそう思うのかが自分でもよくわからず、ずっとモヤモヤしていた。

日本人はよく礼儀正しいだとかマジメだと言われるし、日本人自身もそう思っているフシがある。たしかにわたしもそうは思うが、なんだかしっくりこない。わたしが感じた「自分のなかにある日本人らしさの本質」は、ちがうところにある気がするのだ。

そんなとき、夏目漱石の『こころ』のキンドル本がアマゾンで無料になっていた。高校の教科書で一部を読んだきりだったので、懐かしくなってさっそくキンドルでダウンロードして読んでみた。

あまりにも有名だが、『こころ』のあらすじをざっくりとまとめよう。先生なる人物は昔、恋敵である友人Kを自殺に追い込んでしまった。先生はそのことをずっと気に病み、最後には自殺する、という話である（「まとめ方が雑すぎる」と怒る人もいらっしゃるかもしれないが、大目に見ていただきたい）。

ともあれわたしは『こころ』を読んで、「これだ！」と思った。わたしが「日本人らしい」と思う場面には常に、罪悪感という気持ちが絡んでいたことに気がついたのだ。

罪悪感に敏感

『こころ』をきっかけに思った、わたし的な「日本人らしさ」を簡単にまとめると、こうなる。日本人は罪悪感に敏感で、「自分が悪い」と自省しやすく、そのため罪悪感を感じる行動を避ける——。

そう考えると、日本の治安がいい理由もわかる。治安の良い国は数多くあるが、盗まれないことに限っていえば、日本はダントツに安全だ。わたしはドイツのバーでスマホや財布、カギなんかが全部入っている鞄を盗まれたし、電車に忘れた授業道具一式は、次の駅で下車してインフォメーションセンターに駆け込んだのに戻ってこなかった。比較的治安がいいドイツでも、これくらいは日常茶飯事である。

日本の治安のよさは「恥の文化」「名誉を重んじる」といった文化的背景で説明されることが多いが、日本人以外がみんな厚顔無恥で名誉を気にしないわけではない。日本の治安がいい理由は、日本人は罪悪感に敏感で、悪いことをしても幸せになれない、という考えが強いからじゃないだろうか。「良心の呵責の際、良心が勝つ」というとわかりやすいかもしれない。

たとえば、道端に一万円落ちていたとしよう。まわりには誰もいない。さて、あなたはこれを自分のものにしてしまうだろうか。

ここで「もちろんもらう」という人を責めるつもりはない。だが、多くの人は「盗んだお金でお酒を飲んで楽しいだろうか」「きっと後で後悔する」と考え、自分のものにはしないんじゃないかと思う。

たぶん日本では、一万円を手に入れるラッキーに感謝する人より、そこから生まれる罪悪感の方を気にする人の方が多い。それは体面や名誉といった大仰なものではなく、単純に、良心が痛み後々自分がイヤな気持ちになることを知っているからだ。

そう考えると、遺失物が戻ってくる確率が高いのも頷ける。電車でだれかの忘れ物に気づいておきながらそれを届けなければ、なんだかモヤモヤするのだ。見てみぬ振りをしたあと、「持ち主は困ってるかもな」と想像して、なんだかイヤな気持ちになる。少なくともわたしは、自分にはまったく非がなくても、なんだか悪いことをした気になってしまう。日本には同じように感じる人が多いから、遺失物を盗まず、届ける人が多いんじゃないだろうか。それは親切心というよりも、「罪悪感を感じたくない」と表現したほうがしっくりくる。

ほかにも、東日本大震災が起こったとき、バラエティ番組の放送や花火大会の自粛が相次いだことも、「罪悪感」のせいだと考えられる。

震災は痛ましい出来事で、多くの人が傷ついたし、失ったものも大きかった。それは事実だ。だが、いつもと変わらない生活を送れていた人が多かったのもまた事実である。それでも「不謹慎」という理由で、多くのテレビ番組の放送やイベントが自粛された。「苦しんでいる人がいるのに自分たちだけ楽しむのはよくない」という、罪悪感から逃れるための対応だったといえる。

そもそも、「不謹慎」ってなんだろう。以前、副業がバレて停職になった岐阜県池田町職員が、停職中楽しそうに旅行している様子をSNSに投稿し、懲戒免職処分になったことがあった（後に処分は取り消されている）。どうやら町民が、「停職中に旅行してSNSにアップするなんて不謹慎だ」とクレームを入れたらしい。

罪悪感に敏感な一方で、「悪いことをしたやつは楽しそうにしてはいけない」「ずっと苦しんでいるべき」と思いやすいのかもしれない。

それはセクハラやパワハラ被害者が笑顔を見せただけで「そんなに傷ついていない」「元気そうじゃないか」と批判したり、生活保護受給者がちょっと外食しただけで「本当は困っていないのでは」と言ったりするのと同じメンタリティだ。前章で触れた「日本人は言葉より態度を重んじる」というのにも通ずるものがある。とにかく申し訳なさそうに、大変そうにしておかないと、文句を言われるのである。

ちょっと話は脇道にそれるが、遺失物といえば以前、ドイツで目撃したこんな光景を思い出す。電車内で、大きなスーツケースが通路をふさいでいたのだ。乗客が「持ち主はだれだ、どけてくれ」と周りの人に声をかけるが、だれも反応しない。

わたしはだれかが「忘れ物として届けるのかな」と思ったが、なんと乗客のひとりが警察に連絡し、乗客は全員電車から下ろされたのである。

ドイツでは、正体不明の物に触れるリスクを冒してまで荷物を届けようとはしない。乗客たちが「爆弾や麻薬かもしれない」「テロかもしれない」とすぐに考えて通報したことは、「忘れ物は届けるもの」と思っている平和ボケしたわたしには、衝撃的だった。

ちなみにスーツケースは、大音量で音楽を聞いていてまわりの様子に気づかなかった若者のものだった。おかげで電車は一時間遅延した。

謝罪する日本人

日本人は罪悪感を感じやすく、さらに罪悪感を抱くこと自体ストレスと感じる。そう考えると、思い当たる節があった。わたしはドイツのとあるカフェで働いているとき、とにかくすぐに謝っていたのだ。

「パンを焼いてくれた？」と聞かれたら、自分の仕事ではなくとも「すみません、やっていません」と答えた。「なんでコーヒーマシーンをきれいにしてないの？」と言われたら、一度もやったことがなくとも「すみません、すぐにやります」と答えた。

それを見ていたボスニア・ヘルツェゴビナ出身の面倒見の良い女性が、「あなたの仕事じゃないのになんで謝るの？　都合よく使われてるわよ」と教えてくれた。

なるほど、たしかにパンを焼くのもコーヒーマシーンを掃除するのも、わたしの仕事ではない。それでも謝った瞬間、わたしに非があることになってしまうのだ。

では、なぜわたしはすぐに謝るのだろう。それは、わたしの仕事ではないとはいえ、知らなかったとはいえ、他人に迷惑をかけていたかもしれないと思ったからだ。だから、無意識に「すみません」という言葉が出る。

それは心からの謝罪というよりもむしろ、日本人として反射的にとってしまう行動だ。「あなたの仕事でしょ。わたしは関係ないわ」と言うよりも、自分の至らなさを反省する方向に思考回路が動く。

日本だったらそのあとに、相手が「悪いけどお願いね」とか「教えてなくてごめんね」と言って、平和的に収まるだろう。だがドイツでは、「じゃあ頼んだ」となる。「謝ったってことはもうあなたの責任よ、あなたがやりなさいよ」という考えの裏には、他人に仕事を押し付ける罪悪感なんてものはない。「イヤなら断ればいいでしょ。断らないから問題ないんでしょ」という、ごくごくわかりやすいイエス・オア・ノーの考え方だ。

わたしは自分のことを「ノーが言える日本人」だと自負していたので、「ノーと言えずに雑用を押し付けられていた」という状況、そしてそれに無自覚で損をしていたことに気づいて、猛烈に腹が立ってきた。わたしの「ノーが言える力」は、どうやらドイツ基準ではまだまだ甘かったらしい。

そこでためしに一度、「絶対に謝らない日」を決めて実践してみた。「これをやって」と言われても、「わたしの仕事じゃないのでやりません」と答えたし、「なんでやってないの」と言われても、しれっと「知らなかったもので」と答えた。

怒られるんじゃないか……と内心戦々恐々だったが、「ならしょうがないわね」とあっさり言い分が通った。いつも引き受けていた雑用を拒否したことで文句を言う人もいたが、「あなたの仕事でしょ」と何度か言ったら引き下がってくれた。

ほかにも、忙しそうにしている店長に話しかけるとき、いままでは「お忙しいところを邪魔して申し訳ないのですが、シフトに関して相談があります」と言っていた。でもまわりの人を見てみると、謝っている人はだれもいない。シフト管理は店長の仕事なんだから、謝る必要なんてないのだ。

でもこれが、日本だったらどうだろう。いくら自分が悪くなくても、あまりにも堂々と「わたしは悪くありませんから」と主張する人がいたら、なんだかイラッとしてしまいそうだ。もしあなたが「謝らない日」を実行したとしたら、たぶんあなた自身が、すごく居心地が悪いだろう。実際わたしも謝らない日を実行したとき、「嫌われるんじゃないか」「生意気だと思われるんじゃないか」と考えて、逆に疲れてしまった。

日本では仕事の連絡の際、「お手数をおかけいたしますが」とか「大変恐縮ですが」とか、申し訳なさを伝える言い回しがよく使われる。実際に迷惑をかけたわけでもないし、仕事で発生する作業に対して謝る必要はないのだが、それでも一応謝る。

日本人にとって謝罪とは、自分の非を認め反省を伝える行為というよりも、人間関係を円滑にするためのあいさつ、もはやマナーみたいなものだ。

だからこそ、日本では「言い訳せずにまず謝れ」という発想になるのかもしれない。

なぜそうなったかという原因解明・釈明ではなく、自分は罪悪感を感じていて心を入れ替えるつもりであることを伝える方が大事なのだ。理由うんぬんより、迷惑をかけたという事実が優先される。そして、その反省を態度で示すために謝罪する。

ちなみにドイツでは、「いかに自分が悪くないか」の説明が第一にくる。電車の遅延で友だちが一時間遅れてきたとき、第一声は謝罪ではなく「あのクソ電車め」だった。

そしてまわりも、「災難だったな」と笑う。寝坊で遅刻したときはさすがにちゃんと謝るが、そこから「なぜ昨日夜更かししたのか」「どれだけ急いで来たか」などの説明がくっついてくる。

最初は「一言謝れば済むことだろう」と思っていたのだが、ドイツでは反省を伝えるより、事情説明の方を重視するみたいだ。「ドイツ人は謝らない」とよく言われるが、それはプライドが高いからではなく、「こういう理由でこうなったから仕方ない。わたしにはどうしようもなかった。だから謝る必要はない」という考えになるのだろう。

他人の期待に応えたい

日本人は罪悪感に敏感で自省しやすい。これがわたしが思う日本人の特徴ではあるものの、わたしが感じた「本質」にはいま一歩届いていない気がする。

では、罪悪感に敏感であるとはどういうことなのだろう。それはきっと、他人を満足させたい、他人の期待に応えたいという気持ちと表裏一体だ。

例として、エクスペディア・ジャパンの統計（二〇一七年）では、有給休暇取得に罪悪感を感じる日本人の割合は六三%だったことが挙げられる。

上司や会社が休むことに罪悪感を植えつけているからそう思うのだろうか。いや、同統計では、「上司が有給を取ることに協力的かわからない」という人の割合が三三％で三〇ヵ国中トップだった。どちらかというと、部下自身が自発的に「休暇取得はよくない」と自粛しているようだ。

休むことによって、だれかの仕事が増えるかもしれない。自分に連絡がつかず、困る人がいるかもしれない。自分ひとりが休んで、チームワークを乱すかもしれない。みんなが働いているのに休めば、自分勝手に見られるかもしれない。そう思うから、休暇取得に罪悪感を持ってしまうのだ。

それは、「親の期待に応えるために勉強をがんばろう」だとか、「男の甲斐性としてたくさん稼ぎたい」「家庭的な女だと思われるように料理を勉強しないと」とか、そういった考えと似ている。他人が期待している自分でありたい、他人をがっかりさせたくない、という考えだ。日本人は人の目を気にしすぎる、なんて言われることもあるが、他人を満足させたいからこそ、他人の評価を気にしやすいのかもしれない。

自己犠牲の功罪

罪悪感を感じやすく、他人を満足させようと努力できる日本人。これがわたしが思った、「自分のなかにある日本人らしさ」だ。そしてその傾向があるからこそ、気遣い上手、極端にいえば滅私奉公できる日本人が多いのだろう。そういった土壌がない欧米各国が、「なぜ日本人は死ぬほど働くのか」と疑問に思うのは当然だ。

他人を満足させたいという気持ちを常に持っているから、言葉にされない願望を汲み取って細やかな気遣いができるし、すぐに謝れるし、みんなの利益のために自己犠牲を払える。

日本人の美徳＝礼儀正しさ、マジメ、というのも悪くはないが、「他人を満足させるために努力できる」という点も、ぜひ付け加えておきたい。

報恩精神

そういえば、〝報恩精神〟にふれたときも「日本人っぽいなぁ」と思った。「この前レストランを予約してくれたから今度はわたしが予約するね」とか、「この前手料理を食べさせてもらったから今回はおごるよ」という会話が、日本では日常的に繰り返される。家に招待されて立派なご馳走を振舞われたら、次回は自宅に招いて同じくらいのもてなしをする。

毎回毎回「与えられる側」でいることを良しとせず、他人の善意に甘えず、受けた恩は返すのが常識だ。そうでなければ、日本では不義理になってしまう。

キレイゴトに聞こえるかもしれないが、こういった優しさ、善意が連鎖していくサイクルはとてもすばらしいと思う。だからこそ、「お互い様ですから」「持ちつ持たれつですよ」といった言葉が無意識に出てくるのだろう（たぶん、おもてなしの本来の美しさもここにある）。

ドイツ人が恩知らずというわけではないが、それでもドイツでは「善意はありがたくもらっておけ」という考えのほうが強い気がする。お礼は言うが、そこで終わり。恩を返そうとすると、むしろ「お返しを期待してやったわけじゃない」と言われてしまう。だからなのか、「気を遣わせてすみません」とは言わず、「親切にどうもありがとう」という表現になる。

そう考えると、やっぱり報恩精神も日本人らしさのひとつだ。「次はわたしがするね」といった表現を聞くたびに、なんだかうれしくなる。

ただ、この報恩精神は日本人の美徳のひとつではあるものの、引き出物や返礼品、お中元やお歳暮、旅行に行ったときのお土産、バレンタインや引越しの挨拶など、不義理

と思われないために贈る形式だけのプレゼントの応酬はどうにかならないものだろうか
……と内心思っている。

おわりに

せっかく人生ではじめて本を出版できたのだから、改めて多くの人に感謝を伝えておきたい。

まず、本書を読んでくださった方々。そして、ふだんわたしを応援してくださっている読者の方々。海外在住フリーライターという怪しい肩書きのわたしにお仕事をくださる方々。出版までに携わってくださったすべての方々。

「ブログ読んだよ！　すごいね！」と温かい言葉をくれる友人。「日本語読めないけどがんばってね！」と雑に応援してくれるパートナー。スカイプごしに愚痴り続ける娘の話に、半笑いで相槌を打ってくれる両親。

そういったすべての人々のおかげで、キラキラとは言えずとも、ワクワクするドイツ生活を送れている。本当にありがとうございます。

わたしは日本らしさというものにどうも馴染めずにドイツに来て、何度かの挫折を経験し、フリーライターになった。日本がダメなわけでもドイツが最高なわけでもないが、わたしはドイツという国が合っていたのだろう。ずいぶん自分らしく生きられるようになったと思う。

この世に完全無欠なユートピアはないし、海外に行ったら幸せになれるわけではない。だが、あなたにとって最高の環境は海外にあるかもしれない。

海外移住というとなんだか一世一代の大冒険のような気がするが、住んでみればどうってことはない。アマゾンの奥地のような秘境に行くとなれば話は別だが、そうでない限り、海外なんてそんなに特別ではない。イヤになれば帰国すればいいのだから、興味がある人は一度海外で暮らしてみるのもいいんじゃないだろうか。

わたしのように、気がついたら本を書いているようなワクワクする未来が待っている……かもしれない。

雨宮紫苑

二〇一八年七月

雨宮紫苑　1991（平成3）年神奈川県出身。立教大学文学部卒。在学中ドイツに留学した経験から、同国への移住を決意。現地ではじめたブログ「雨宮の迷走ニュース」が評判となりフリーライターに。

Ⓢ新潮新書

778

日本人《にほんじん》とドイツ人《じん》
比《くら》べてみたらどっちもどっち

著　者　雨宮紫苑《あまみやしおん》

2018年8月20日　発行

発行者　佐　藤　隆　信
発行所　株式会社新潮社
〒162-8711　東京都新宿区矢来町71番地
編集部(03)3266-5430　読者係(03)3266-5111
http://www.shinchosha.co.jp

印刷所　株式会社光邦
製本所　憲専堂製本株式会社

ISBN978-4-10-610778-8　C0236

価格はカバーに表示してあります。